國家圖書館出版品預行編目資料

宋楙澄及其《九籥集》研究(下)／劉思怡 著 — 初版 — 新北市：
花木蘭文化出版社，2012〔民101〕
目 2+156 面；19×26 公分
（古典文獻研究輯刊 十四編；第 10 冊）
ISBN：978-986-254-843-1（精裝）
1.（明）宋楙澄 2.傳記 3.明代文學 4.文學評論
011.08   101002990

ISBN-978-986-254-843-1

古典文獻研究輯刊
十四編 第 十 冊   ISBN：978-986-254-843-1

宋楙澄及其《九籥集》研究（下）

作　　　者　劉思怡
主　　　編　潘美月　杜潔祥
總 編 輯　杜潔祥
企劃出版　北京大學文化資源研究中心
出　　　版　花木蘭文化出版社
發 行 所　花木蘭文化出版社
發 行 人　高小娟
聯絡地址　新北市永和區中正路五九五號七樓
　　　　　　電話：02-2923-1455／傳眞：02-2923-1452
網　　　址　http://www.huamulan.tw 信箱 sut81518@gmail.com
印　　　刷　普羅文化出版廣告事業
初　　　版　2012 年 3 月
定　　　價　十四編 20 冊（精裝）新台幣 31,000 元

宋楙澄及其《九籥集》研究（下）

劉思怡　著

目次

第五章 《九籥集》稗編研究

　　漢朝劉歆在《七略》中，曾將先秦至漢初的諸子思想分爲儒家、道家、陰陽家、法家、名家、墨家、縱橫家、雜家、農家、小說家等十個派別，稱爲「十家」。小說家除外即稱爲「九流」。長期以來，小說家便處於九流之外，十家之末，其地位之低下，不言可喻。從文學史的發展觀之，各個時代均有其代表性的文學樣貌，如漢賦、唐詩、宋詞、元曲。但到了明代，不論在文言小說或白話小說，都獲得長足的發展。在文言小說的發展中，傳奇小說的創作較有實績，其中宋楙澄《九籥集》的傳奇小說創作，每每爲人所稱道不已。茲爲對宋楙澄《九籥集》稗編有更深入的瞭解，本章先就明代文言小說的發展作概略性的介紹，再探討宋楙澄與稗編之關係，之後就稗編作品本身剖析，試圖歸納其寫作要素及寫作技巧，最後分析其主要成就，以呈現《九籥集》稗編價值所在。

第一節　宏觀到微觀──淺談明代文言小說發展

　　中國古代小說基本上具有文言小說和白話小說兩種獨立發展的系統，文言小說起源於先秦時代稗官的雜記，稗官本指小官，後世沿用稱小說家爲「稗官」。而稗官小說，即指街談巷說的瑣碎言論。雖然是小道，無法與經世濟民的正道相提並論，但至聖先師孔子亦不諱言小說有其可觀之處。文言小說發展到魏晉南北朝，文人在對神仙鬼怪的傳聞與幻想交互作用下，形成志怪小說的發達與興盛。至唐朝，則將「叢殘小語」式的魏晉小說發展成有故事情節、有人物形象的傳奇體小說，其題材多爲述寫人間愛情的悲歡離合。宋朝

的文言小說基本上是承襲志怪和傳奇兩大主軸來發展。至於白話小說，亦即通俗小說，則起源於唐五代時期說話人的話本，是對說話人口中豐富多樣故事的紀錄與再加工，同時在寺院的講經文化中逐漸發展，之後經宋代城市豐富多元的市民文化的滋養，以及繁榮的說話藝術帶動下，為通俗小說的發展奠定穩定的基礎。

到明代，在前代的深厚基礎下，由於小說本身的發展、小說地位的提高、市民階層的興起、印刷技術的進步等條件下，大量天才型文人積極投入小說創作，而獲致前所未有的成就，也是在承繼唐傳奇與宋元話本之後，進一步發展和興盛起來的文言與通俗小說藝術，形成中國小說創作的一個高峰。

一、明代文言小說發展概要

有明一代，通俗小說空前繁榮，蓬勃發展，不管是長篇的章回小說，還是短篇的擬話本小說；無論是歷史演義小說、英雄傳奇小說、人情小說，抑或是神魔小說等，各類創作不論在質與量方面，均獲致極高的成就。相形之下，明代文言小說的創作，其氣勢委實難以與通俗小說相抗衡。其中，志怪小說仿效魏晉南北朝以來的傳統題材與創作筆法，多寫神異詭怪之事，呈現妄誕的氣息，且敘述簡略，雖然不乏佳作，但總體成就不高。主要的志怪小說集如祝允明《志怪錄》、陸粲《庚巳編》、楊儀《高坡異纂》、錢希言《獪園》等。軼事小說停留在劉義慶《世說新語》的既有框架中，部分反映明代文人生活或言行的作品，尚可供參考或驗證，此外並無新意，較著名的作品是何良俊《何氏語林》、李紹文《皇明世說新語》、曹臣《舌華錄》、焦竑《玉堂叢語》等。筆記小說為文人信手隨寫的文章，主題零散但包羅萬象，多側重於自然現象的變異，帶有較多的迷信色彩，作品顯得較為疲軟空虛，重要作品如謝肇淛《五雜組》、朱國楨《涌幢小品》等。笑話類文言小說，在明代亦有一定地位，代表作品如江盈科《雪濤諧史》、馮夢龍《笑府》及《古今譚概》等。相較之下，明代文言小說在傳奇小說的創作上，擁有一定程度的表現與影響。

傳奇小說，雖然在歷經南宋和元朝的長期沈寂之後，在明代斷斷續續階段性地出現繁華與復興，但因缺乏足夠的新意，整體而言，成就有限。中國古代文言小說發展到宋代，其衰微之勢，初見端倪，元代繼之亦同，至明代，則在穩定中求發展，一直到清代蒲松齡的《聊齋志異》和紀曉嵐的《閱微草堂筆記》相繼出現後，才開始改變文言小說衰頹的局勢，進而把文言小說推

向頂峰。在文言小說發展史上，明代處於創作的轉折時期，承上啓下，是過渡性的階段，並爲清代文言小說的再度興盛創造有利的發展條件，主要表現在以下四點：

一是崇尚紀實的小說觀持續發展。自明初宋濂以小說筆法作紀傳起，撰寫紀傳體小說或帶有小說性質的紀傳文，逐漸蔚爲風尙。紀實性文言小說，逐步由虛幻的靈怪鬼魅往現實生活靠攏。如瞿佑的〈綠衣人傳〉、宋楙澄的〈負情儂傳〉、〈劉東山〉、〈珠衫〉等。

二是文言小說朝通俗的方向演進。首先是明代前期文言作品明顯受到宋元話本影響，孟稱舜《嬌紅記》、丘瓊山《鍾情麗集》、徐昌齡《如意君傳》，均已介於文言和話本之間；之後，通俗小說的興盛對文言小說的創作，亦帶來巨大的衝擊，致使崇尚典雅的文言小說，也攙雜日常生活的口語及俚語，逐漸朝著通俗的方向發展。

三是文言小說的內容包羅萬象。傳奇、志怪、筆記、雜俎，眾體兼備，既爲不同類型的文言小說創作奠定良好基礎，卻也造成內容混雜的現象。如傳奇夾雜寓言，志怪夾雜志人等。尤其在一些文人筆記中，往往暗藏珍貴的小說史料，如胡應麟的《少室山房筆叢》、屠本畯的《山林經濟籍》、薛岡的《天爵堂筆餘》、李日華的《味水軒日記》、張醜的《日記》等，宜詳加翻檢，不容忽視。

四是文言小說的篇幅逐漸擴充。明代的文言小說，筆記維持簡短的風貌，傳奇卻逐步向中篇擴充。自瞿佑《剪燈新話》肇其端，繼之丘瓊山《鍾情麗集》、盧梅湖《懷春雅集》、撰人不詳《祁生天緣奇遇》、《花神三妙傳》、《劉生覓蓮記》、《龍會蘭池錄》等，至也閑居士《輪迴醒世》則至數千言。篇幅加長，使情節曲折，細節繁複，創造出更引人入勝的篇章。另一重要因素，係受到話本小說的影響，在故事中大量穿插酬答的詩詞駢文所致。

總而言之，明代的文言小說創作，由於城市經濟的繁榮及市民勢力的壯大，使得文人重新審視前代傑出的文言小說，產生新的體會，進而促使文言小說逐漸受到重視。同時又受到通俗小說發達的影響和衝擊，使文言小說無論在思想內容或是藝術形式上，都增添新的特色，也爲當時的通俗白話小說及戲曲創作提供豐富的材料，更爲清代文言小說的創作，積累豐富的文藝經驗，確實爲清代文言小說的最後繁華與興盛，做出一定的貢獻。

二、明代傳奇小說與《九籥集》

傳奇小說源自唐代，它是用文言寫的短篇小說。在白話小說幾乎陷入沈寂的明代初期，文言小說卻反而出現復興的態勢。洪武年間，瞿佑受唐代傳奇文的影響作《剪燈新話》，是明代第一部傳奇小說集，其中不乏故事曲折、文筆淨潔之作，給予明代文言小說創作深遠的影響，甚至衝擊到清代的文言小說創作。由於南宋及元代以來，傳奇小說陷入低潮，《剪燈新話》一出，使時人驚豔不已，流傳不久，便仿作迭起，李昌祺《剪燈餘話》、趙弼《效顰集》、陶輔《花影集》、周禮《秉燭清談》、邵景詹《覓燈因話》等傳奇集相繼問世。其中，較爲有名的是李昌祺《剪燈餘話》及邵景詹《覓燈因話》，與瞿佑《剪燈新話》被後人並稱爲「剪燈三話」。這些傳奇小說集雖有不少篇章爲擬話本小說和戲曲創作提供直接的素材，但內容上多承唐宋傳奇餘緒，較少新意。同時爲使文章更富於文采，每每用詩詞駢句來堆砌成篇，賣弄才情，卻內容空洞，少部分作品尚可一讀，大多數則流於矜奇炫才，扼殺小說的原味。

在沈寂了一百多年以後，明代中後期，隨著城市經濟的繁榮、社會思潮的活躍、市民文化的壯大、統治階層控制力的鬆動、印刷行業的發達等因素推動下，傳奇小說又再度復興。更由於傳奇小說同時兼具娛樂性，以及行文較雅致含蓄的優點，促使文人對一向被視爲文學思想末流的小說接受度提高，投身於傳奇小說創作行列的文人日益增多，影響所及，明末傳奇小說風靡不墜。誠如魯迅所說：

> 文人雖素與小說無緣者，亦每爲異人俠客童奴以至虎狗蟲蟻作傳，
> 置之集中。蓋傳奇風韻，明末實彌漫天下，至易代不改也。〔註1〕

文人在詩文作品集中置入傳記或傳奇小說作品的編輯方式，宋梻澄爲較早的實踐者。其著作《九籥集》中即收錄詩、文及小說作品，集中的傳奇小說與邵景詹《覓燈因話》並列爲明代傳奇小說創作中最有成就者，連帶使宋梻澄成爲明代中後期重要的傳奇小說作家。其他傳奇創作，尚有蔡羽《遼陽海神傳》、釣鴛湖客《鴛渚誌餘雪窗談異》、丘瓊山《鍾情麗集》等。就市民角度來看，當時不但閱讀《三國演義》及《水滸傳》等通俗小說蔚爲風尚，甚至對於用淺俗文言創作的傳奇小說亦表現出極高的興趣。因此，除了文人從事傳奇創作之外，隨著唐人傳奇在嘉靖以後被廣爲刊行，讀者廣泛的閱讀偏好，致使搜集整理並出

〔註1〕 魯迅著：《魯迅全集》（台北：谷風出版社，民國78年12月），第九卷《中國小說史略》，第二十二篇〈清之擬晉唐小說及其支流〉，頁210。

版傳奇小說的專集、總集為數不少，其中較著名的有王世貞編《劍俠傳》及托名王世貞編《豔異編》、陸輯編《古今說海》、詹詹外史編《情史》等。它們既收錄大量歷代文言小說，同時收錄明人小說。值得一提的是，當時還有綜合性地收錄歷代文言小說，以及通俗的中篇傳奇小說，乃至話本小說的編輯模式，形成類書叢出的情況，如吳敬編《國色天香》、赤心子輯《繡谷春容》、余象斗編《萬錦情林》、何大掄編《燕居筆記》、余公仁編《燕居筆記》等。以上這些現象具體地勾勒出明代中後期傳奇文創作及出版的繁榮景象。這些小說作品的暢銷、再版或擴充重編，正說明小說受到廣大群眾的歡迎，且閱讀市場擴張迅速，凸顯出小說在明萬曆時期銳不可擋的聲勢。再就小說的整體發展觀之，明代傳奇小說在明清兩代最重要的影響，在於提供晚明通俗小說和戲曲創作的素材，並為清代文言小說的復興創造有利的發展條件。

　　宋楙澄《九籥集》是詩、文及小說合編的作品集，集中特別將小說列為「稗」編，顯示他對於文言小說文體的獨立存在價值有進步的觀點。稗編收錄宋楙澄個人創作的傳奇小說作品，就篇幅而言，屬於文言短篇小說；就形式而言，多屬單篇的敘述體故事；就情節而言，多描述奇特怪異之事；就題材而言，大致可分為愛情、俠義、軼事、志怪等類別。稗編中〈珠衫〉、〈劉東山〉、〈吳中孝子〉、〈海忠肅公〉，以及清吳偉業選錄的《九籥別集》列入稗編的〈負情儂傳〉等篇，都是文言小說史上膾炙人口的名篇，為通俗小說編撰者所取資。在明代中期以後，因不少文人積極從事傳奇小說的創作，收錄在宋楙澄《九籥集》的傳奇小說堪稱其中成就最高者。因此，文人兼徽商潘之恒《亘史・劉東山遇俠事》篇末便對宋楙澄的小說創作有如下品評：

　　　　宋叔意，諱新，雲間奇士，其所紀野史甚佳，是當代小說家第一手
　　　　也。〔註2〕

在潘之恒的評論中，宋楙澄的小說創作成就為當代小說家之冠，遂給予宋楙澄極高的評價。可見宋楙澄《九籥集》稗編在明代中後期的傳奇小說創作中，具有指標型的意義。

第二節　宋楙澄與稗編

　　宋楙澄《九籥集》中，最為人所稱道者，即為其中所收錄的稗編。他之

〔註2〕　〔明〕潘之恒撰：《亘史・外紀》卷之四〈劉東山遇俠事〉，頁5。

所以在稗官小說方面有傑出的成就，必定於其中投注不少心力，對於一向被聖哲視為小道末流的小說家，宋楙澄獨排眾議，反卑為尊。他與小說結緣的歷程，特別容易誘發讀者的好奇心。此外，在對小說投注心力的同時，楙澄個人對小說的寫作態度，亦即其創作時關注的焦點何在？甚至在稗官野史的領域，如何在文學洪流中，給予宋楙澄適當的評價與定位？凡此都是值得探討的課題。

一、與稗之離合

　　對照宋楙澄的生平，自從失怙後，便於兄懋淡的督促下，致力於科舉考試的課業，與科考無關的書籍，均不許入目，個人對其他文學的興趣，受到嚴格的壓制。之後北上京師，企圖一展抱負，但萬曆二十二年，楙澄身體狀況、考運與際遇均不順遂，於是於〈與張大〉書信往來中，表露出往事成空的感慨：「至甲午病胃犯噎，乃慨然束經，病中追思往念，悉已成空。」〔註3〕在萬念俱灰的情形下，將經書束諸高閣，連秋試都放棄參加，並舉家遷往村莊故居，未料隔年又逢長子協虎夭亡、衛道之士的毀謗，一連串的打擊，讓楙澄放棄對俗情的追逐，轉而回歸自己所鍾情的詩文及稗官家言。約自萬曆二十三年二十七歲至萬曆二十六年三十歲他折節為儒之前，於村居時，閉門著述，事見宋徵輿〈先考幼清府君行實〉的記載。

> 時同郡顧君思之、于君虯先酒徒也，府君善是二人無間，……取髑
> 髏為觸行酒，……是時縉紳先生以淳謹相尚，疾思之等如仇，而府
> 君與焉。縉紳中不能無不肖，畏議及則先騰謗，冀以兩解，由是口
> 語籍籍。府君慨然曰：「世且棄我矣。」徙居村墟，日閉門為詩、古
> 文及稗官家言，尤喜為稗，慨不快意多寄焉。〔註4〕

自此，楙澄毫不掩飾對稗官野史的偏好，尤其對世情的不滿，他不使自己成為一個憤世嫉俗的偏激派，反而寄託於稗官小說的創作當中，既可抒發內心的情緒，又擴充文章的篇幅，楙澄樂此不疲，甚至在給堂兄宋茂益的書信〈示　家二兄〉中，自信滿滿地將稗官比喻為奴僕：

> 吾妻經、妾史、奴稗，而客二氏者二年矣。〔註5〕

〔註3〕　《九籥前集》卷之十〈與張大〉，頁421。
〔註4〕　〔清〕宋徵輿撰：《林屋文稿》卷之十〈先考幼清府君行實〉，頁361～362。
〔註5〕　《九籥前集》卷之十〈示　家二兄〉，頁424。

梣澄將原本難登大雅之堂的稗編與經籍與史書並列，並大膽地假設最合乎正道的經籍可喻爲妻，記載朝代興替的史書則爲妾，向來被認爲無關治道的小說便可爲奴。經爲妻，爲正室，象徵地位的穩固；史爲妾，爲側室，象徵輔佐的角色；稗爲奴，爲奴僕，象徵定位的卑下，但既與妻妾並立，則說明奴僕可滿足主人日常生活的需求，或者說對稗官的搜集與閱讀，滿足梣澄內心的樂趣。同時，以奴爲喻，表示主人對奴僕可以任意驅使，亦即顯示梣澄對於稗官的創作，可以將材料運用自如，可以自出機杼，自成風格。因此，梣澄以奴喻稗，有一股自信感深藏其中。

梣澄於〈春日雜興詩序〉文中，自曝於壯年時，便沈迷於稗官的創作：

　　昔余壯年喜作樂府及稗官家言。〔註6〕

自壯年至晚年，梣澄投注超過半生的精力在稗官家言，其對於小說鍾愛的程度不可言喻。既然梣澄毫不諱言對稗官的偏好，對於曾經風行的小說舊抄，自然是愛不釋手，藉由遊歷之便，對於小說的搜羅，更是不遺餘力。而在沒有影印機的古老年代，抄寫便成爲最原始的保有方法，梣澄於〈鄭州〉一文提及曾抄寫《燈花婆婆》、《種瓜張老》、《清平山堂話本》等宋元話本事。

　　曩故老相傳宋孝宗欲怡太上，令史臣編小說數千種，余所抄《燈花
　　婆婆》、《種瓜張老》、《平山堂》小說，皆其類也。〔註7〕

身具藏書家與小說家雙重身分，梣澄對於前代流傳的話本故事，豈有不納爲收藏品之理？或許即因梣澄對稗官小說的喜好早已在朋友圈之間名聞遐邇，因此當其友朋聽聞或得見街頭巷尾流行的奇人奇事，便希望梣澄將之鋪陳成文字，得到保存事件過程的契機。〈葛道人傳〉即爲梣澄因緣際會在一代名儒陳繼儒家中得遇本尊，而由陳繼儒將保存其事蹟的責任託付梣澄，梣澄並寫下小序爲誌：

　　當吳民擊黃建節時，懋澄適覲母南還，聞葛道人倡義，壯其事，賦
　　〈葛成謠〉四章。後十七年，于友人陳仲醇家遇道人，讀當事功令，
　　仲醇謂余子喜稗官家言，毋失此奇事。〔註8〕

這樣的傳記，是用當代人的筆觸與觀點去描述同代人的特殊事迹，對於史事的眞相，可以發揮保存的功能。梣澄《九籥集》中類似的傳記尚有〈宋氏君

〔註6〕　《九籥續集》卷之一〈春日雜興詩序〉，頁650。
〔註7〕　《瞻途紀聞》之〈鄭州〉，頁730。
〔註8〕　《九籥續集》卷之三〈葛道人傳〉，頁673。

求傳〉、〈顧思之傳〉、〈負情儂傳〉等篇。因此,陳子龍在〈宋幼清先生傳〉時,對楙澄的文學創作整體評價為:「先生文章俊拔,尤工尺牘及稗官家言。」〔註9〕這也是後世對宋楙澄最鮮明的印象。

二、寫作之態度

作者的寫作態度,往往是和寫作表現息息相關的,也就是說,寫作態度決定寫作的成果。有關宋楙澄個人對稗編的寫作態度,他曾於〈春日雜興詩序〉中表述:

> 昔余壯年喜作樂府及稗官家言。樂府,間涉時事,然非有關于　國
> 家者,不出筆端,至稗官則稟程爾雅,都無俗思。〔註10〕

雖然稗官小說是採擷街談巷說的瑣碎言論,但楙澄卻秉持著雅正的法式來寫作,堅持用嚴肅謹慎的寫作態度來下筆,並且摒棄粗俗鄙陋的成分,企圖提昇稗官小說的素質,將其導向雅正的康莊大道。

稗官野史取材自中下階層的紅塵俗世,原始材料不免有粗俗傾向,如何將庸俗的材料,變身為典雅的文學作品,最關鍵的過程,即為透過文人之筆來敷衍,利用文人敏銳的感官及風雅的筆觸來處理俗材,經過一番鎔鑄錘鍊,才能改頭換面,創造出高雅清麗的作品。因此,化俗為雅,是楙澄身為一介文人對於寫作稗官小說所秉持的態度與信念。而惟有提昇小說作品的素質,使其具有典雅的風格,才能避免為衛道人士所鄙視,才能在文學版圖中占有一席之地,使稗官小說與正經正史等主流文學相提並論。楙澄的理念,為稗官小說的發展找到出路,其獨到的眼光與見地,具有前瞻性的積極意義。

三、野史之地位

野史,是私家編撰的史書,稗官野史則指街談巷說的瑣碎言論。《論語‧述而》載:「子不語怪、力、亂、神。」《論語‧陽貨》又載:「子曰:『道聽而塗說,德之棄也。』」孔子有四樣事情是不與人討論的,即怪異、勇力、悖亂、鬼神四者。因為前三者不合正理大道,後者沒有根據,不易尋究,無從證明。而在路上聽到不確實的言論,如果不假思索就隨意傳播出去,便是棄個人道德於不顧。孔子的觀點本來是對的,但天下事並非用簡單的二分法可

〔註9〕　〔明〕陳子龍撰:《安雅堂稿》卷十三〈宋幼清先生傳〉,頁882。
〔註10〕　《九籥續集》卷之一〈春日雜興詩序〉,頁650。

以論斷，神話、寓言與歷史是密不可分的，先民所傳述的故事，這些叢殘小語、道聽塗說之言，經常涉及奇幻怪異之事，即使可能反映先民生活，可能包含下層人民的心聲，卻因其怪力不可知，便被孔子棄而不語；又因後來儒家學說受統治者重用，連帶使儒家所不討論的部分，天下士人亦摒棄之，致使稗官野史的地位變得如此低下，馴至《漢書》亦對小說有負面評價。《漢書·藝文志》云：「小說家者流，蓋出於稗官。街談巷語，道聽塗說者之所造也。孔子曰：『雖小道，必有可觀者焉，致遠恐泥，是以君子弗爲也。』然亦弗滅也。閭里小知者之所及，亦使綴而不忘。如或一言可采，此亦芻蕘狂夫之議也。」〔註 11〕認爲街談巷語之言，是先秦所謂的小道，是君子不該學的，雖有可觀者，但終究是芻蕘鄙夫之議，難登大雅之堂。

　　曹植〈與楊德祖書〉則一改過去對小說的偏頗，認爲：「夫街談巷說，必有可采，擊轅之歌，有應風雅，匹夫之思，未易輕棄也。」〔註 12〕上古有采詩之官，亦有搜集巷議街談的稗官，何以採集的詩歌成爲風雅，小說卻不入流呢？同樣都是人民的心聲！曹植將小說民謠的地位抬至風雅，與《詩經》相提並論，實乃前所未發之論。至於宋林澄，則呼應曹植的觀點。他曾於〈李節之雲間雜志敘〉表示：

> 宜沈淵負石，千古引爲著蔡，而〈採薇〉之歌，亦採于稗官。蓋正史記國家之典章，詞多忌諱，若夫誅奸邪于屋漏，非野史紀之，當時而出之，異代何以伸忠義之氣哉！繇是觀之，聖人復生，小說家言不廢也。宋氏權臣御宇下，稗官之禁，不啻焚書，然作者雲興，幾于充棟，人心不死，斧鉞森然，至今千古之下，令宵小讀之，猶不敢悍然祖檜、冑故智，未必非稗官力也。〔註13〕

《詩經·小雅》有〈采薇〉篇，乃稗官所採，既然稗官所採的〈采薇〉篇可列於「經」的高位，同樣採自民間的稗官野史，可知政教得失的作用與〈采薇〉是一致的，當然不可等閒視之，況且正史之筆，在統治者的監督下，經常語帶保留，避重就輕，甚至竄改歷史。至於野史掌故，則爲歷史的另類視野，在某種程度上比正史更眞實，而民間的稗官野史，有時才是歷史背後無

〔註11〕〔漢〕班固撰，〔唐〕顏師古注：《漢書》（臺北：洪氏出版社，民國 64 年），卷三十，〈藝文志第十〉，頁 1745。
〔註12〕〔梁〕昭明太子蕭統撰，〔唐〕李善等註：《（宋本）六臣註文選》（臺北：廣文書局，民國 53 年 9 月），第四十二卷，〈曹子建與楊德祖書一首〉，頁 791。
〔註13〕《九籥續集》卷之一〈李節之雲間雜志敘〉，頁 651。

法檟面化的眞相，藉由野史，將使忠義之氣得以伸張。因此，儘管無法被視爲主流，儘管孔子等聖哲將其排除在正道之外，但小說家主張的稗官野史仍源遠流長地傳承下去，即便受到統治者的禁錮與壓制，投身於小說的作者，仍不可勝計。顯然野史小說的尚實精神，可以補正史的不足，而且野史大膽記錄部分正史不能記錄的眞相，足令如秦檜、韓侂冑等宵小無恥之輩知所警惕，具有一定的教化功能。因此，楙澄大膽而堅定地主張「聖人復生，小說家言不廢也。」另從上引「焚書」的譬喻來看，宋楙澄重視小說的觀點，或許是受到李贄的啓發與影響。

雖然野史是正史的附屬品，但其尚實的精神恰爲正史所欠缺的，而楙澄亦認爲此乃野史最重要的特質，並促使野史具有一定的文學地位。這樣的觀念反映在楙澄的稗編創作中，使楙澄在描述歷史事件時，每每比照正史，於文末加註評論，如同《史記》作者司馬遷所爲「太史公曰」的評論，楙澄將之移植到稗編中的歷史事件之後，而用「野史氏曰」加入評論文字。如記載寧夏哱拜叛亂之役的〈西師記略〉及記載明師援朝禦倭之役的〈東師野記〉，均可找到其寫作野史的規格比照正史的遺形，提示後世讀者正史與野史可相互參看。楙澄對於野史尚實精神的執著，與致力於野史與正史並列的意圖，其用心良苦，值得讀者細心體會。

綜合觀之，楙澄自科舉考試連番受挫，同時遭遇不順遂的人生之際，重新檢視個人的喜好，於是在村居時，閉門著述樂府及稗官家言，藉此寄託對世情的不滿情緒。自此，楙澄展現對稗官小說的熱愛，抄寫宋元話本，增加收藏，朋友亦知其所好，每每將奇聞軼事，囑託楙澄加以記錄。因此，楙澄工於稗官家言之名，不脛而走。對於小說的寫作態度，楙澄秉持雅正的精神與法式寫作小說，透過文人之筆鋪陳，以收化俗爲雅的功效，務使稗官家言能在文學版圖中奠定穩固的根基，爲小說的發展找到合理的出路。此外，楙澄認爲野史必須保有尚實的面貌，才能與正史分庭抗禮，才能還原歷史眞相，最終的目的是使宵小無恥之徒有所警惕，具有積極的教化意義。而楙澄對於稗官野史的看法或理念，同時體現在其稗編創作中，因此在文言小說的園地中綻放出美麗的花朵。

第三節 《九籥集》稗編作品剖析

宋楙澄《九籥集》的稗編一出，往往直面人生，有時有地，徹底擺脫靈

怪的窠臼，也進一步改變文言小說「托往事而避近聞」的創作傾向。因此宋
楙澄的稗編作品，值得更有深度地予以剖析。

一、《九籥集》與《九籥別集》所錄稗編之差異

　　《九籥集》中收錄並歸類為稗編之位置有兩處，一在《九籥前集》卷之
十一，共有六篇作品；一在《九籥集》卷之十，共有二十七篇作品，合計宋
楙澄所認定為稗體之篇章共三十三篇。然而，如將吳偉業所選之《九籥別集》
與《九籥集》兩相比較，《九籥別集》卷之二有稗十一篇，卷之三有二十七篇，
卷之四有六篇，合計四十四篇。目前已知吳偉業所選《九籥別集》乃《九籥
集》之精選集，所有作品均來自《九籥集》，吳偉業僅就部分文字或評述略有
增刪，且多數係將其政治立場具爭議性的文字刪去，而其稗體所錄篇章數量
卻較《九籥集》多十一篇。茲就二書稗體篇目並列比較如下：

《九籥集》與《九籥別集》所錄「稗」篇比較表

《九籥集》		《九籥別集》	
《九籥前集》卷之十一「稗」：		《九籥別集》卷之二「稗」：	
1.〈劉東山〉		1.〈劉東山〉	7.〈飛虎〉
2.〈廣陵乘興〉		2.〈廣陵乘興〉	8.〈陳氏鐵符〉
3.〈敬德不伏老〉		3.〈敬德不伏老〉	9.〈巍石山〉
4.〈吳中孝子〉		4.〈吳中孝子〉	10.〈不恭〉
5.〈珠衫〉		5.〈珠衫〉	11.〈日本刀〉
6.〈耿三郎〉		6.〈耿三郎〉	
《九籥集》卷之十「稗」：		《九籥別集》卷之三「稗」：	
1.〈李福達〉	15.〈罍七卓〉	1.〈李福達〉	15.〈罍七卓〉
2.〈陶眞人〉	16.〈齒跳板〉	2.〈陶眞人〉	16.〈齒跳板〉
3.〈呂翁事一〉	17.〈雜伎〉	3.〈呂翁事一〉	17.〈雜伎〉
4.〈呂翁事二〉	18.〈御戲〉	4.〈呂翁事二〉	18.〈御戲〉
5.〈呂翁事三〉	19.〈鑒定〉	5.〈呂翁事三〉	19.〈鑒定〉
6.〈呂翁事四〉	20.〈秘戲〉	6.〈呂翁事四〉	20.〈秘戲〉
7.〈呂翁事五〉	21.〈俠客〉	7.〈呂翁事五〉	21.〈俠客〉
8.〈呂翁事六〉	22.〈蟠桃宴〉	8.〈呂翁事六〉	22.〈蟠桃宴〉
9.〈呂翁事七〉	23.〈鬼張指揮〉	9.〈呂翁事七〉	23.〈鬼張指揮〉
10.〈呂翁事八〉	24.〈分宜〉	10.〈呂翁事八〉	24.〈分宜〉

11.〈呂翁事九〉	25.〈薛文清公〉	11.〈呂翁事九〉	25.〈薛文清公〉
12.〈朱丐兒〉	26.〈海忠肅公〉一云諡忠介	12.〈朱丐兒〉	26.〈海忠介公〉
13.〈獯猊舞已下俱鐘鼓司伎〉	27〈徐文貞〉	13.〈擲索〉	27.〈徐文貞〉
14.〈擲索〉		14.〈獯猊舞已下俱鐘鼓司伎〉	
		《九籥別集》卷之四「稗」： 1.《東師野記》 2.《西師記略》 3.《負情儂傳》 4.《顧思之傳》 5.《宋氏君求傳》 6.《葛道人傳》	
合計三十三篇		合計四十四篇	

　　從上表可知，《九籥別集》卷之二所錄乃於《九籥前集》卷之十一的篇目基礎上，再加選其他五篇，其中〈飛虎〉、〈陳氏鐵符〉、〈巍石山〉及〈不恭〉選自《九籥續集》卷之十，〈日本刀〉選自《九籥集》卷之一「記」類之〈日本刀記〉。《九籥別集》卷之三則完全移植自《九籥集》卷之十，僅排列次序及〈海忠介公〉的篇名略有更動。至於《九籥別集》卷之四則為吳偉業個人選錄出來具有特色的六篇作品，其中〈東師野記〉及〈西師記略〉選自《九籥前集》卷之一「記」類，〈負情儂傳〉及〈顧思之傳〉選自《九籥集》卷之五「傳」類，〈宋氏君求傳〉選自《九籥前集》卷之五「傳」類，〈葛道人傳〉選自《九籥續集》卷之三「傳」類。

　　吳偉業增列的篇章中，《九籥別集》卷之二多屬旅途中採集的傳聞軼事等雜記，而《九籥別集》卷之四則多屬傳記類。此類文體最主要在於記敘人物事件，且在宋楙澄此六篇原著中，均仿照《史記》在文末附加「太史公曰」的評論方式，於每篇篇末附加以「論曰」或「宋懋澄曰」、「宋幼清曰」的評論，藉以抒發他對傳中人物的論斷及價值所在。而吳偉業之所以將〈日本刀記〉更名為〈日本刀〉，不列入《九籥別集》卷之四而列入卷之二，顯然是因為它的內容屬雜記，與真人事跡的傳記有別，形式上亦無作者評論在末，因此歸入卷之二，以示區別。

　　就表列所選篇目來看，宋楙澄對「稗」的認知顯得較趨近於「傳奇」，多記奇特、神異之事，其體制亦歸屬為「傳奇小說」。而吳偉業則在「傳奇」的

基礎上，又加入「傳記」，爲眞實人物的傳記，意存勸戒，也崇尚紀實，更豐富小說的內容。由於繼宋楙澄之後，馮夢龍「三言」與凌濛初「二拍」蔚爲風潮，形成白話小說蓬勃發展的局面，題材更豐富多樣，影響後世對小說的認定更爲廣泛與寬鬆，亦較趨近於吳偉業的歸類方法，因此以下在敘述宋楙澄稗編時，並不排除吳偉業增列的十一篇作品。

二、《九籥集》稗編篇旨大義

《九籥集》稗編多爲小說和略具小說規模的記敘文，茲列舉重要名篇，略述其主要內容。

（一）〈劉東山〉

本篇敘述嘉靖時有捕盜人劉東山，自號連珠箭，轉爲賈販，一日挾帶百金返鄉，人人勸其謹愼，卻仍以其技自炫，路途中爲白馬少年之射術所折服，盡失其金，歸而與妻賣酒於村郊，不敢向人道此事。後三年，白馬少年等十人來店飲酒，還其千金，始知當年白馬少年因其大言不慚，故意折其銳氣。而白馬少年等人的首領竟是一弱冠少年「十八兄」。劉東山從自我的生存之道，體會人外有人，天外有天的道理。篇末曰：「曾見琅琊王司馬親述此事。」故本篇當屬實錄型的傳奇文。

（二）〈吳中孝子〉

本篇敘述蘇州一賣酒人，其妻與母不睦。賣酒人外出，其妻佯疾，令母當壚賣酒，私下覓媒人稱其母欲改嫁，媒引一武康人，托沽酒來看，武康人滿意。其妻又騙其母，稱已出嫁之三姑娘派人駕船來迎，將其母騙至武康。至武康後，其母始知爲媳所賣，然已無奈。賣酒人歸家，尋母不見，其妻云其母自嫁於人，不知去向。賣酒人雖心疑其妻，而苦無形跡。後賣酒人客武康，偶遇其母，方知其妻詭計。賣酒人返家佯裝攜婦往常熟虞山燒香，乘船直抵武康，稱願以少換老，遂嫁其妻而接其母歸。本篇稱頌賣酒人爲以孝道爲先之孝子。

（三）〈珠衫〉

本篇敘述由珍珠衫而起的傳奇故事。內容爲楚中賈人與其妻本爲郎才女貌之神仙眷侶，未料外來客新安人於楚人客粵時，見楚人妻貌美而起褻瀆之心，央求鬻珠老嫗協助，用計而與楚人妻有苟且之實，楚人妻於新安人離去

時，贈以傳家寶物珍珠衫定情，湊巧楚人與新安人相遇，偶然得知兩人姦情，楚人悄悄休妻另娶，前妻改嫁吳中進士為妾。後來楚人經商時因誤殺人命獲罪，由前妻向進士求情而得救，兩人破鏡重圓，並得知新安人遭盜病故，其未亡人即楚人所娶後室。

（四）〈耿三郎〉

本篇敘述楚中人耿三郎以其有智能而自矜，因逢一壯夫與之同行，經窺探始知其為異人，卻隱姓埋名，舉世莫能想像其英雄之氣，耿三郎乃自省，不復妄意非分之過程。

（五）〈負情儂傳〉

題下序文云：「王仲雍〈懊恨曲〉曰：『常恨負情儂，郎今果行許。』作〈負情儂傳〉。」敘明命題的由來，並表明此傳乃寫負心人故事。本篇敘述萬曆時浙東某藩臬子李生與京師教坊名妓杜十娘相戀。李生日久囊空，十娘資助李生為己贖身後，於歸家途中，竟因鹽商新安人見色進讒，誘使心意不堅之李生將十娘以千金割愛轉賣。十娘心碎之餘，出所攜匣中稀世珍玩，當眾盡投之江，啐詈李生有眼無珠及新安人輕薄卑鄙後，投江自盡。篇末「宋幼清曰」謂：「余自庚子（萬曆二十八年，1600年）秋聞其事于友人。」因感其可憐可憫，於是「援筆敘事」，文成其半，當晚即夜夢婦人告誡，此事羞於示人，如為之傳奇，將使楙澄病作，因而擱置。之後八年，至丁未（萬曆三十五年，1607年）因不忍湮沒，始完成此傳。文成後數日，女奴露桃忽墮河死，使本傳蒙上一層神祕面紗。

（六）〈李福達〉

本篇記述嘉靖間術士李福達諸多異事，或召屏風上美女下地歌舞，或以瓦遮月致陰，或斬蛟，或顯搬運之術，或來去無蹤，或可自行脫枷，或能透視，或可將人縮小入地等，故為記敘異聞之作。〔明〕李紹文《雲間雜誌》卷上曾記載：「李福達善遁法，改姓名逃至松郡，館於孫雪牖家，眾請觀其法，乃隱身廳柱中，呼其名即應。又試搬運之術，書一符焚於廳中，少頃，黃白爛然，復書一符於門，忽一無所見。」〔註14〕又《〔崇禎〕松江府志·稗談》記載：

〔註14〕〔明〕李紹文撰，陸炬訂：《雲間雜誌》（台北：新文豐出版股份有限公司，民國74年元月），卷上，頁113。

我松朱旅溪尚書家居，有李峋嶁來訪，閽人拒之，李曰：「爾主在某
室閱某書，何得紿我？」閽者駭而入報，公見異之，亟延入，語不
移時，曰：「僕欲僑寓於此。」輒從袖中取出一囊，什物器皿悉具，
又一呼而妻子及僮婢皆在，公大駭，處之別館中。居數日，輒張具
邀公飲，珍錯畢陳，所進巵斚皆公家物，飲竟投水中，公與夫人啓
視其槖，巵斚宛然，第多水漬耳。峋嶁告歸，畫一舫于壁，將妻子
僮婢什物仍入囊中，登舟張帆，御風而去。或云即李福達也。〔註15〕
此與宋楙澄〈李福達〉傳奇文中所述「華亭朱蘆溪尙書，延之至家居月餘」
所發生的異事相彷彿，可知李福達事在當時確有不少傳聞。

（七）其　他

〈廣陵乘興〉敍述華亭錢福狀元，不惜跋涉水陸前往江都訪妓，先由其
門生御史某甲尋訪，再往謁名妓與所屬積鹽賈人之風雅韻事。〈陶眞人〉記載
道士陶仲文以方士之術受寵幸於明世宗，官拜禮部尙書。又描寫陶仲文奇幻
之術，如寶盒破敵、驅遣持斧夜叉、預知死期等，爲記敍異聞之作。明世宗
沈迷於道教，竟被陶仲文等像嬰兒般玩弄於股掌之上，明世宗昏瞶的形象躍
然紙上。〈鬼張指揮〉敍述張三指揮巧遇舉目無親的美女子，二人婚後有二子，
張因偷窺妻提頭於盆中洗髮大驚，推門而入但見白骨，其長子襲指揮使之職，
人稱鬼張指揮。〈分宜〉敍述嚴嵩及其養子嚴世蕃誤國，遭御史林潤彈劾，嚴
嵩因酷似先帝，終免於難。嚴世蕃因勾結俺答意圖謀反，遭明世宗處決，復
將嚴嵩削籍爲民，籍沒家產等傳聞軼事。〈薛文清公〉敍述明正德朝權傾朝野
之宦官劉瑾（應爲明英宗正統年間受寵信之宦官王振）〔註16〕，因竈下老人

〔註15〕《〔崇禎〕松江府志》卷之五十八〈稗談〉，頁 1518～1519。
〔註16〕本篇宋楙澄的記載與史實不符，據《明史》卷三百四〈王振〉載：「大理少卿
　　　　薛瑄、祭酒李時勉素不禮振。振摭他事陷瑄幾死，……」頁 2099。又《明史》
　　　　卷十〈英宗前紀〉載：「正統……八年……六月丁亥，侍講劉球陳十事，下錦
　　　　衣衛獄，太監王振使指揮馬順殺之。甲辰，下大理少卿薛瑄於獄。」頁 38。
　　　　則薛瑄於明英宗正統八年（1443 年）入獄，而陷其於獄之人乃太監王振，並
　　　　非明武宗正德年間朝權傾朝野之宦官劉瑾。此事〔清〕王士禎撰：《池北偶談》
　　　　（臺北：臺灣商務印書館股份有限公司，民國 75 年 3 月，《景印文淵閣四庫
　　　　全書》本），卷二十五，〈老姜〉，亦曾指出宋楙澄的錯誤：「繼世紀聞云：李
　　　　夢陽下獄，禍且不測，劉瑾家人老姜者，告曰：『昔公不得志時，李主事管昌
　　　　平倉，曾許吾家納米領價，獲利乃忘之乎？』瑾遂釋之，令致仕，此與王振
　　　　欲殺薛文清公事相似，華亭宋懋澄《九籥集》訛爲逆瑾欲殺文清，誤矣。」
　　　　頁 364。顯然宋楙澄誤將薛瑄入獄事與李夢陽入獄事混爲一談，故〈薛文清公〉

一席話而改變心意不殺薛瑄之事跡。〈海忠肅公〉則敘述海瑞仕官生涯中幾件真實和傳聞事跡，如諫忤世宗、御史失符、海瑞納賕而還諸事，表現海瑞清正廉明的節操。〈徐文貞〉敘述徐階取代嚴嵩擔任宰輔、克定皇儲諸事，以及貶謫後，克己復禮，謙遜下士等事跡，展現一代宰相的風範與氣度。

第四節 《九籥集》稗編寫作特色

《九籥集》稗編，共有四十四篇文言小說作品，其篇幅長短各異，最長為〈負情儂傳〉的二千一百六十六字，及〈珠衫〉的一千七百三十三字；最短如〈狻猊舞已下俱鐘鼓司伎〉的二十五字及〈擲索〉的二十九字。雖然它們之間的差異如此明顯，但在分析稗編的寫作要素時，仍嘗試就各篇作品篩選出作者筆底卓越的寫作手法，並加以歸納整理，試圖具體而微地彰顯稗篇的創作表現。歸結《九籥集》稗編的寫作要素有以下四點：

一、反映市民精神生活

《九籥集》稗編的內容，展現鮮明的時代色彩，呈現社會現實風貌，具有濃厚的市民氣息，反映出市民的精神生活，並具體地表現在商人勢力的擴大、道德標準的顛覆、市民階層的吶喊、以及文化娛樂的需求四方面。

（一）商人勢力的擴大

明代自嘉靖時期起，由於城市經濟的發展，資本主義的萌芽，造成市民階層逐步擴張，其中又以商人階層的興起最為搶眼。商人階層興起的潮流反映在宋楙澄傳奇小說中的特殊現象，即是小說的主人公很多是商人，他們所表現的思想意識也是屬於市民階層的。春秋時代管仲曾說：「士農工商四民者，國之石民也。」〔註17〕在我國長久以來的封建社會裡，社會各階層的等級是士農工商，商人排在四民之末，最不受重視。然而在《九籥集》的傳奇小說中，商人卻躍居主角地位，甚至受到稱許，部分商人亦成為作品中象徵正面的主角。例如〈珠衫〉的男主角為楚中賈人，他長期經商在外，面對妻子的背叛，他顧念夫妻情分，處處為前妻保留餘地，因此在落難繫獄時，獲

一文的故事背景當為明英宗正統年間，而非明武宗正德年間。
〔註17〕〔周〕管仲撰，〔唐〕房玄齡注：《管子》（臺北：臺灣商務印書館股份有限公司，民國75年3月，《景印文淵閣四庫全書》本），卷八，〈小匡第二十〉，頁538。

前妻的協助而得免，兩人再續前緣，且楚中賈人休妻後再娶後室即爲誘奸其前妻之新安人妻，蘊含果報思想。由於楚中賈人的宅心仁厚，獲得稱許與同情，產生二妻盡歸楚中賈人的結局。再如〈吳中孝子〉的主人公，爲姑蘇賣酒人。〈劉東山〉的主人公劉東山與黃衫少年相遇，少年自稱「爲賈京師三年矣」，顯然以商賈爲業。而劉東山在被少年銳氣盡挫後，所從事的行業爲於村郊賣酒，足見當時盛行小本生意。此外，傳奇小說中部分商人仍無法擺脫「奸商」的形象，而這種反派角色的形象鮮明，頗具對比效果，更增小說張力。如〈珠衫〉誘騙人妻的新安商人，多行不義必自斃，落得客死異鄉的下場。再如〈負情儂傳〉，橫刀奪愛的新安人，在揚州做鹽生意，才二十歲上下，已是青樓中公認的浪蕩公子，他因貪慕杜十娘美色，而利誘李生將杜十娘轉賣，其卑劣行徑，人人喊打。而〈廣陵乘興〉中的江都名妓亦嫁予「積鹽賈人」，顯然當時賣鹽商人的財力雄厚。

　　《九籥集》的兩大傳奇名篇〈珠衫〉與〈負情儂傳〉，其重要主人公的角色都是商人，反映當時社會商人階層的擴大，尤其〈珠衫〉，兩大主角的身分均爲商人階層，可見士人與商人地位的消長。有趣的是，兩篇的奸商雖未具名，但宋楙澄同時以「新安人」代稱之，可想而知徽商勢力的龐大。明清時期的十大商幫中，以晉幫（山西商幫）和徽幫最爲著名。他們是全國商界舉足輕重的商人集團，積聚大量的資本。謝肇淛《五雜組・地部二》所謂：「富室之稱雄者，江南則推新安，江北則推山右。新安大賈，魚鹽爲業，藏鏹有至百萬者，其它二、三十萬則中賈耳。山右或鹽、或絲、或轉販、或窖粟，其富甚於新安。新安奢而山右儉也。然新安人衣食亦甚菲嗇，薄糜鹽虀，欣然一飽矣；惟娶妾、宿妓、爭訟，則揮金如土。」〔註18〕所指的就是徽州及山西商人。而汪道昆《太函集・汪長君論最序》亦載：「新安多大賈，其居鹽筴者最豪，入則擊鐘，出則連騎，暇則召客高會，侍越女，擁吳姬，四坐盡歡，夜以繼日。」〔註19〕徽州鹽商的生活豪奢至此。徽州商幫形成於明代成化、弘治年間，當時城市經濟呈現出加速發展的態勢，他們以經營鹽、糧、茶、布、典當、木材等行業爲主，而逐漸擴張勢力。徽商的足跡遍及天下，

〔註18〕 〔明〕謝肇淛撰：《五雜組》（上海：上海古籍出版社，2002 年 3 月，《續修四庫全書》本），卷之四，〈地部二〉，頁 412。

〔註19〕 〔明〕汪道昆撰：《太函集》（上海：上海古籍出版社，2002 年 3 月，《續修四庫全書》本），卷之二，〈汪長君論最序〉，頁 541。

其中尤以明、清兩朝的鹽商更為出名，古徽州的對外運輸渠道即為新安江，而徽幫鹽商經濟實力的興起，以及對於娶妾及宿妓所呈現豪奢的普遍特性，直接促使「新安人」的角色應運而生。

在〈耿三郎〉一文中，壯夫與典人間的金錢往來，亦可看出當時商業活動之一隅。

> （壯夫）曰：「如欲復商，可書千金之契來。」余意其詐，謝不敢當，笑曰：「子失路人也，何忍相賣？」乃畀之契，收契畢，攜至一鋪中，謂主人曰：「某年起至某年息，可悉檢出。」主人隨年相付，封題極週，如數日前豫囑者，因以授余，且曰：「河北若干貨，收之販河內，利約幾何；河內河中貨，賣於江北，利約幾何，一年之間，當獲子金二千，明年於鄭州置典，每年封三百金之息，以俟吾不時之需。」
> 今日之所攜者，五年之息也。〔註20〕

可知當時已有雙方簽訂契約及貸款的商業行為，同時已有往來販賣貨物的行販，並產生以年計息，方便存提的商業手法，甚至有進步的利潤觀念。顯然其時已具備金錢及貨物流通的商業機制，反映當時商人對行商的概念及商業利潤的探索，體現出明代商人階層的擴大，促使文人不得不留意其特殊的生活方式及精神面貌，而且這是宋元以前小說所不具備的。

（二）道德標準的顛覆

《九籥集》稗編中，在人倫道德的標準上，表現出嶄新的色彩和精神面貌，也在一定程度上，抨擊封建制度對婦女的壓迫，凸顯被壓迫婦女追求人格平等的渴望，具體表現當時市民階層新興的婚姻觀及道德觀。最鮮明的例證，是〈珠衫〉中的楚中賈人妻，在傳統的封建社會中，婦女與他人有奸情，是觸犯十惡不赦，天理難容的滔天大罪，但楚人妻在出軌後，不是尋死覓活，而是與新安人「恩踰夫婦」，相對於明代社會對婦女所講求貞操與守節的道德要求，特別顯得格格不入。然而在〈珠衫〉中，作者卻對於失節的婦女寄予同情，認為其失足係因長期獨守空閨及新安人蓄意引誘所致，她千方百計地營救前夫所表現的情感是真摯的，同時凸顯出愛情與貞操觀念的不一致，作者在情節安排上並未任其被嚴厲的道德標準凌遲，而楚中賈人亦未嫌棄她二度失身於人，這反映出封建傳統的貞操觀念在市民階層中已日漸淡薄，同時

〔註20〕《九籥前集》卷之十一〈耿三郎〉，頁437。

體現出對婦女人本的尊重，結局的安排是和前夫破鏡重圓，這是對傳統道德標準的反動，同時也是一種新興又進步的價值觀。

〈負情儂傳〉故事的主角杜十娘是教坊出身。她聰明伶俐，富有膽識與心計，這是歡場的歷練，也是生存之道。為求脫籍從良，她對鴇母和李生費盡心思，終於如願以償，與李生雙宿雙飛。然而在吃人的封建禮教的壓迫下，當時的道德標準不允許出身名門的李生與娼妓結合，杜十娘苦心的經營化為泡影，雖離開教坊，卻因市儈勢力的壓迫，仍無法擺脫成為商品或玩物的宿命。而李生的軟弱與自私，注定必須背叛愛情，向封建禮教低頭，這樣的抉擇是受傳統道德觀左右的必然結果。但作者在處理教坊愛情與倫理禮法相衝突的局面時，要求主角忠於兒女之情而非父子倫理的立場，隱然有以「愛情」向現實人倫挑戰的意味。雖然結局說明其挑戰以失敗告終，但卻成就杜十娘剛烈的典型光輝。在形象的塑造上，宋楙澄安排高度階級出身且富有教養的李生成為受金錢操弄的負心人，而卑賤的娼妓杜十娘卻不乞求，不苟且，為擺脫商品的運命而毅然選擇投身江底，在毀滅中成全自己高貴的人格，以一死來表達對這個黑暗社會的憤懣與決裂，展現明代中後期下層市民在進步思潮啟發下所產生的崇高精神境界。而出身與人格不對等的反差設計亦為小說製造高潮起伏。李生的行為受到作者及舟中崖上目擊者的鄙棄，將其視為卑劣新安人的同路人，對於杜十娘則寄予無限的憐惜，甚至將杜十娘與漢朝劉向《列女傳》所頌揚的女子並列，〔註21〕並認為其堅貞不亞於大家閨秀，展現對社會上普遍認為「娼門無情」價值觀的一種對抗。如此前衛的想法，無疑是對傳統道德標準的挑戰，甚至顛覆長期以來的道德人倫觀念。

（三）市民階層的吶喊

明代中葉以後，商賈與市民階層的力量日益強大，各種社會矛盾日益尖銳，在經濟活動旺盛的同時，社會蓄積豐富的動能，社會基層的新思惟與新觀念不斷萌生，並迅速地擴張與傳播，這股新興的市民勢力，無法避免地與正統的封建意識產生激烈的衝突，其中又以愛情觀念的蛻變，以及俠義主義的興起最為特出。

〈珠衫〉所立基的時代背景及社會環境，是明代中期以後商業發達，商人長期經商在外，商婦生活無虞，卻空閨獨守，寂寞難捱，造成婚姻危機與

〔註21〕《九籥集》卷之五〈負情儂傳〉篇末云：「噫！若女郎亦何愧子政所稱烈女哉！雖深閨之秀，其貞矣以加焉。」頁551。

愛情糾葛不斷上演。小說中楚中賈人妻表現對前夫與外遇對象新安人兩段愛情的追求，已凌駕傳統禮教中貞節的觀念與要求。過去唐人傳奇的才子佳人小說，雖歌頌堅貞不渝的愛情，情節設計大多著眼於封建思想和門閥制度對婦女的迫害。但在宋楙澄傳奇小說〈珠衫〉中，封建思想和門閥制度的障礙並不存在，父母輩的阻礙亦消失不見，故事的主軸集中在情與欲，理與禮之間的衝突，而這也是明中後期日益尖銳的社會現實，它在小說作品中的反映相對愈發直接。楚人妻完全將社會禮教拋諸腦後，一心一意追逐愛情的美好，其結局亦未受到嚴厲的懲罰，表現出當時愛情觀念的蛻變，同時對於傳統社會貞節觀念對婦女的禁錮，無疑是一種無聲的反抗與吶喊。至於〈負情儂傳〉，雖然門閥與階級對婦女的壓迫仍然存在，但作者欲凸顯的主題在於婦女對於愛情的追求，是超越階級與財富的。他所頌讚的是一種「真情」，無形而真實；他所鄙視的是禮教對於身分地位的盲目保障，有形而虛假。而經由教坊出身的女主人公杜十娘的怒沉寶物與葬身江底，成全其對愛情的貞烈與執著，讚揚其勇於衝破禮法禁錮的忠貞愛情，同時也表現出反抗禮教的無聲吶喊。

〈劉東山〉傳奇小說的時空背景設於明世宗嘉靖年間，以及京師周邊的河北諸縣，身懷絕技的壯士劉東山，被一個少年英雄盡挫銳氣，自此斂跡賣酒，未料三年後再相見，始知少年祇是一群俠義英雄中的一員，少年本無惡意，因奪其百金，三年後反贈其千金，充分顯示少年英雄的俠義本色。尤有甚者，群俠領袖十八兄更是行踪詭秘，莫測高深。小說隱喻「強中自有強中手」，勸人勿驕矜自滿。而這群俠義英雄神秘難測，又具有俠腸義膽的形象，是一種具有反抗強權能力的團體，寄託廣大市民對鋤暴除惡與濟弱扶傾此類英雄人物的想望，特別是在明代中期世宗朝的高壓統治，以及奸臣嚴嵩的專橫跋扈下，安排這一群俠義英雄出沒於京師周邊的河北諸縣，表現市民階層內心的躁動，以及反抗強權的企圖。

二、保有唐人傳奇遺風

唐人傳奇，是中國真正「小說」的發端，在中國文學史上占有非常重要的地位，無論是描寫愛情、神怪、劍俠等類型，都有很高的文學成就。在唐傳奇中成就最高的是以歌誦愛情為主題的作品，如沈既濟《任氏傳》、李朝威《柳毅傳》、蔣防《霍小玉傳》、白行簡《李娃傳》、元稹《鶯鶯傳》等。它們

大都歌頌堅貞不渝的愛情，譴責封建禮教和門閥制度對婦女的迫害，並運用寫實手法來刻劃人物性格和環境氣氛，創造一系列優美的婦女形象，而對於當代要求「門當戶對」的婚姻，有一定的諷刺意味。傳奇發展到明代嘉靖年間，是屬於文言小說創作復甦之際，魯迅曾言：「迨嘉靖朝，唐人小說乃復出，書估往往刺取《太平廣記》中文，雜以他書，刻爲叢集，眞僞錯雜，而頗盛行。」〔註22〕受到前代叢書如宋代李昉編《太平廣記》等書重新刊刻的影響，讓明代傳奇小說獲得養分而興盛，出現許多傳奇總集，如托名王世貞編《豔異編》、編者不詳《續豔異編》、吳大震編《廣豔異編》、息庵居士編《古豔異編》、陸輯編《古今說海》等。宋楙澄天性好奇，對於奇聞奇事，處處留心，又受坊間傳奇叢集的不斷刊刻所激勵，提筆創作傳奇小說，是勢所必然。其傳奇文〈負情儂傳〉寫教坊女郎杜十娘與藩臬子李生相戀，卻因封建禮教和金錢交易的操弄，導致杜十娘寶物沉江，香消玉殞的故事。杜十娘不惜以一死，來表明自己對愛情的堅貞。值得一提的是，唐傳奇中，娼妓婢妾第一次大規模成爲被頌讚的主角。如《霍小玉傳》寫歌妓霍小玉和書生李益的愛情悲劇；《李娃傳》寫妓女李娃與滎陽公之子某生的愛情故事；晚唐傳奇杜光庭《虯髯客傳》亦以楊素寵妓紅拂女大膽私奔李靖的愛情故事爲主軸。在〈負情儂傳〉主角杜十娘的身上，我們可以看到霍小玉及李娃的影子，情節亦以表現反封建的愛情爲主題，即使是低賤的娼妓，仍有追求愛情或婚姻的權利。內容主要訴求一個被人賤視的妓女卻有比較高尚的品格，強調身分的高低與品格的高下並非絕對成正比，暗指封建社會門閥觀念的荒謬。杜十娘生動的形象塑造，足以與唐傳奇中的霍小玉、李娃媲美，她們身上體現出來堅持愛情自由的理想，反對封建勢力的壓制等反抗思想，成爲後代小說戲曲作品反覆頌歌的主題。

　　唐傳奇一改六朝小說「殘叢小語」的形象，比較全面地採用史傳文學的手法，把一個人前後完整的一段生活，甚至一生的經歷都描繪出來，具體揭露社會矛盾，表現出人物微妙的思想感情和性格特徵。體制簡短而有長篇小說的規模，這種具有獨特風格的小說形式，肇始於唐傳奇。傳奇中大量出現的驚奇情節、大膽想象，以及生活細節的細膩刻劃，對後世戲曲小說創作都具有很大的借鑒意義。如《任氏傳》、《柳毅傳》、《霍小玉傳》、《李娃傳》、《鶯

〔註22〕魯迅著：《魯迅全集》（台北：谷風出版社，民國78年12月），第九卷《中國小說史略》，第二十二篇〈清之擬晉唐小說及其支流〉，頁210。

鶯傳》等名篇，都具備完整而鮮明的特色。而宋梣澄的傳奇故事〈負情儂傳〉、〈珠衫〉、〈吳中孝子〉等篇，亦掌握這樣的精神。〈負情儂傳〉對杜十娘與老鴇的周旋、贖身的推波助瀾、歸程的打點、新安人的貪色利誘、李生的負心、怒沉珍玩與投江自盡，全文用二千四百零三個文字來描繪，扣除文末作者的評論，實際僅用二千一百六十六個文字，且故事完整，形象生動，情節高潮迭起，把杜十娘遇人不淑的一生經歷完整呈現，傳奇色彩濃厚。〈珠衫〉寫楚中賈人夫妻因新安人的橫刀奪愛，而造成二椿婚姻產生糾纏的因果報應。其中楚人妻在新安人買通的鬻珠老媼有心的誘騙之下，失身於新安人，又因情濃而贈以楚人家傳的珍珠衫，楚人發現後悄悄休妻，並於其改嫁吳中進士為妾時歸還金帛珠寶十六箱種下善因。之後楚人再娶，經商獲罪經前妻協助而得救，又因進士的成全而與前妻復合，納為妾，才知楚人再娶之妻為新安人原配，失節的前妻再回頭僅能作妾，而奪人妻的新安人暴死異鄉，其妻則為被奪妻的楚人所得。故事曲折離奇，情節的安排大膽糾纏，超乎想象，運用細緻的筆觸刻劃並凸顯人物性格，不留痕跡地寓含果報勸懲的思想在其中，呈現戲劇性的張力，而如此複雜的內容，宋梣澄卻僅使用一千七百三十三個文字來描寫，精準地掌握唐傳奇「體制簡短而有長篇小說的規模」的特質，讓人不禁為作者洗練的文字功力而讚歎。至於〈吳中孝子〉，則寫姑蘇賣酒人的惡妻賣母，終因因果報應而由賣酒人與買母人家達成協議，以妻換母，成全其孝道。篇中對惡妻的工於心計，欺上瞞下的惡行，以及賣酒人暗中查訪並以其妻之道還治其妻之身的情節，有細微的描述，表現出人物微妙的思想感情和性格特徵，頗有唐傳奇的遺風。

　　晚唐時期出現大批傳奇專集，其中產生一些嶄新的題材，如描寫劍俠方術的作品，便令人耳目一新。當時藩鎮割據，積蓄遊俠之士以仇殺異己，於是俠士之風盛行，而神仙方術之盛，又賦予這些劍俠以超現實的神秘主義色彩，使豪俠義士表現正義凜然、仗義鋤奸的面貌。如杜光庭《虯髯客傳》、袁郊《紅線傳》、裴鉶《聶隱娘》、薛調《無雙傳》等都是佳作，可稱之為早期的武俠小說。杜光庭《虯髯客傳》以楊素寵妓紅拂大膽私奔李靖的愛情故事為線索，並刻劃風塵三俠的風貌，虯髯客的豪爽俊偉，紅拂的機智勇敢，李靖的風流倜儻，均生動活潑地躍然紙上。演變至明代，宋梣澄傳奇小說〈劉東山〉的主角劉東山乃真有其人。《明史》卷二百七〈劉世龍〉列傳下述及明世宗嘉靖十五年劉東山繫獄事，並以大猾之人稱之。宋梣澄則描述劉東山以連珠箭自誇其技，意甚非

凡，不料遭逢二十歲左右的少年，以神力及百步穿揚的箭術挫其銳氣，而少年相與之群俠首領更高深莫測，始知人外有人，天外有天，不復驕矜自滿的故事。而少年武藝高超、行俠仗義的鮮明形象，令人印象深刻。再如〈李福達〉，《明史》卷二百六〈馬錄〉下載有其事蹟，並以妖賊稱之。宋楙澄則從小說家的角度，寫李福達召喚屏中人、以瓦遮月致陰、斬蛟降魔、隔空搬運、來去無蹤等奇人異事，呈現超現實的神秘主義色彩。

　　唐傳奇是名符其實的短篇小說，其特色是撰寫奇人奇事。宋楙澄的稗編承襲唐傳奇的遺風，用小說家的筆觸，描述杜十娘、珍珠衫、吳中孝子、劉東山、李福達等奇人奇事，由於其高度的文學成就，使傳奇文在明代又再一次為人所稱道，創造傳奇文在明代的復興。

三、展現小說紀實風格

　　綜觀宋楙澄《九籥集》中的稗編，最顯著的特色是其作品蘊含強烈的紀實風格及鮮明的時代色彩。明代第一部頗負盛名的傳奇小說集是瞿佑的《剪燈新話》，題材多為煙粉、靈怪之類的故事，亦取材自前代作品，並無太多新意。然而此類傳奇作品在明初形成一股風潮，仿作蠭起，如李昌祺的《剪燈餘話》及邵景詹的《覓燈因話》，形成剪燈系列作品。至明朝中葉，宋楙澄擺脫《剪燈新話》、《剪燈餘話》著重志怪，《覓燈因話》著重前朝遺事的創作旨趣，另闢蹊徑，表現崇尚紀實性的風格。此風格主要體現在「描寫真實的人物」、「故事背景在當代」，以及「實錄形態的筆觸」三個面向。

（一）描寫真實的人物

　　《九籥集》的稗編當中，有十篇是根據真實人物的事跡敷衍而成，約占稗編總數四十四篇的百分之三十。除〈珠衫〉為市井小民的真人故事外，其餘九人姓名均曾於《明史》〔註23〕現身，甚至嚴嵩、海瑞、徐階三人更是於《明史》有傳的人物，並非子虛烏有。茲就與真實人物有關的篇名、真實人物姓名及歷史紀錄彙整製表如下：

〔註23〕以下所列《明史》頁碼，採用〔清〕張廷玉等撰，〔民國〕楊家駱主編，臺北市：鼎文書局印行，民國 68 年 12 月的版本。

《九籥集》稗編真實人物之歷史紀錄彙整表

編次	篇名	真實人物	歷 史 紀 錄
一	〈劉東山〉	劉東山	《明史》卷二百七〈劉世龍〉云：「張延齡者……後二年，又以大猾劉東山訐告，盡斥諸刑曹郎羅虞臣、徐申等，猶以延齡故也。……徐申……會大猾劉東山亦繫獄，上告延齡有不軌謀。」頁1476。
二	〈廣陵乘興〉	錢 福	《明史》卷二百七〈孝義〉云：「弘治間，則有大興錢福，……」頁2049。
三	〈敬德不伏老〉	石 星	《明史》卷二百二十四〈宋纁〉云：「（宋）纁凝重有識，議事不苟。石星代爲戶部，……」頁1589。本卷孫鑨、陳有年傳下均述及石星，茲不贅述。 《明史》卷二百二十九〈傅應禎〉云：「陛下登極初，召用直臣石星、李己，臣工無不慶幸。」頁1618。 《明史》卷二百三十四〈馬經綸〉云：「大學士趙志皋、陳于陛、沈一貫及九卿各疏爭，尚書石星請罷職以寬諸臣，皆不納。」頁1649。
四	〈珠衫〉	眞人闕名	宋楙澄堂侄宋存標《情種》卷四收錄〈珠衫〉，篇末自評云：「此新〈珠衫〉也，坊間有舊刻，得此後來居上。」詹詹外史所編《情史》卷十六所載〈珍珠衫〉，乃採自宋楙澄《九籥前集》卷之十一〈珠衫〉，惟文字有些許差異。《情史・珍珠衫》云：「小說有〈珍珠衫記〉，姓名俱未的。」跋云：「夫不負婦而婦負夫，故婦雖出不怨，而卒能脫其重罪，所以酬夫者亦至矣，雖降爲側室，所甘心焉。十六箱去而復返，令之義俠，有足多者。嫗之狡，商之淫，種種足以誠世，惜不得眞姓名。」據此推斷當就眞人眞事敷衍而成，雖未錄眞實名姓，但可將其納入眞實的人物一類。
五	〈李福達〉	李福達	《明史》卷一百九十六〈張璁〉云：「會山西巡按馬錄治反賊李福達獄，詞連武定侯郭勳，法司讞如錄擬。」頁1397。 《明史》卷二百六〈馬錄〉云：「嘉靖……五年出按山西，而妖賊李福達獄起。福達者，崞人。初坐妖賊王良、李鉞黨，戍山丹衛。逃還，更名午，爲清軍御史所勾，再戍山海衛。復逃居洛川，以彌勒教誘愚民邵進祿等爲亂。事覺，進祿伏誅，福達先還家，得免。更姓名曰張寅，往來徐溝間，輸粟得太原衛指揮使。子大仁、大義、大禮皆冒京師匠籍。用黃白術干武定侯郭勛，勛大信幸。……」頁1464。
六	〈陶眞人〉	陶仲文	《明史》卷十八〈世宗二〉云：「十一月庚子，京師解嚴。加方士陶仲文少師。」頁67。 《明史》卷三百七〈佞倖〉云：「世宗入繼大統，宜矯前軌，……而一時方士如陶仲文、邵元節、藍道行之輩，紛然並進，……」頁2128。

七	〈呂翁事二〉	黃士俊	《明史》卷二十三〈莊烈帝一〉云：「崇禎……九年……六月……甲申，吏部侍郎孔貞運，禮部尚書賀逢聖、黃士俊，俱禮部尚書兼東閣大學士，預機務。……十年……十二月癸卯，黃士俊致仕。」頁90。 《明史》卷二百五十三〈黃士俊〉有傳。頁1768。
八	〈分宜〉	嚴　嵩 嚴世蕃	《明史》卷三百八〈奸臣・嚴嵩〉有傳。頁2138～2139。 《明史》卷十八〈世宗二〉云：「四十四年……辛酉，嚴世蕃伏誅。」頁70。 《明史》卷二百十〈王曄〉、〈徐學詩〉、〈厲汝進〉、〈周冕〉、〈吳時來〉、〈張翀〉、〈董傳策〉、〈鄒應龍〉、〈林潤〉諸傳中，均述及嚴世蕃惡行，茲不贅述。 《明史》卷二百十二〈俞大猷〉云：「陸炳與大猷善，密以己資投嚴世蕃解其獄，令立功塞上。」頁1512。
九	〈薛文清公〉	薛　瑄	《明史》卷一百六十八〈王文〉云：「初，按大理少卿薛瑄獄，希王振指，欲坐瑄死。」頁1216。 《明史》卷三百四〈宦官一・王振〉載：「大理少卿薛瑄、祭酒李時勉素不禮振。振摭他事陷瑄幾死，……」頁2101。
十	〈海忠肅公〉	海　瑞	《明史》卷二百二十六〈海瑞〉有傳。頁1600～1601。 《明史》卷十八〈世宗二〉云：「四十五年春二月癸亥，戶部主事海瑞上疏，下錦衣衛獄。」頁67。
十一	〈徐文貞〉	徐　階	《明史》卷二百十三〈徐階〉有傳。頁1519～1520。

　　宋楙澄的寫作方法是以真實人物為基礎，再以傳聞補綴，或利用虛構的手法凸顯人物性格，亦即用虛實互見的筆法來描述，更增加其可信度，也因為故事主角大都是耳熟能詳的人物，讀者好奇心相對倍增，吸引讀者更進一步閱讀。如〈陶真人〉一文，陶仲文以方士之術得幸於迷信道教的明世宗，官拜禮部尚書，文云：「大說之。隨拜祠部尚書，居西內，勸　上服道冠，絕與朝臣見。……是時真人既為天子師，至尊側席以侍，每下壇更衣，分宜等皆為之縮帶，播弄人主如嬰兒，奔走卿相如僕隸，蓋實錄也。」楙澄自言此乃實錄，且與《明史・佞倖傳》所載大致吻合。惟其餘所載對於陶仲文奇幻之術的描寫，如寶盒破敵、驅遣夜叉、預知死期等事跡，則純為小說家筆法，屬於虛構的成分。再如〈海忠肅公〉云：「忠肅公之批鱗也，　世廟震怒，繞殿行竟夕，拔面上肉刺都盡，召華亭定議斬之。」海瑞冒死以疏諫罷齋醮忤明世宗，以及世宗召閣臣徐階商議，乃確有其事，事載《明史・海瑞傳》，但描繪世宗震怒繞殿行及拔肉刺的細節則純屬虛構。其他如御史失符復得、海瑞納贓而還諸事，實為傳聞，於史無證。

　　此外，歷來被視爲文言小說，卻被編入「傳」編的〈負情儂傳〉，亦屬於描寫眞實人物一類。既然被編入「傳」編，其紀實性意義自不待言，而小說本身所呈現的旺盛生命力實根植於其歷史眞實性。據〈負情儂傳〉卷尾作者自白，知本篇係兩次寫就，中間相隔八年。

> 宋幼清曰：「余自庚子秋聞其事於友人，歲暮多暇，援筆敍事，至『妝畢而天已就曙矣』。時夜將分，困憊就寢，夢被髮而其音婦人者，謂余曰：『妾自恨不識人，羞令人間知有此事，近幸冥司見憐，令妾稍司風波，間豫人間禍福，若郎君爲妾傳奇，妾將使君病作。』明日果然，幾十日而間，因棄置篋中。丁未攜家南歸，舟中檢笥稿，見此事尚存，不忍湮沒，急捉筆足之，惟恐其復崇，使我更捧腹也。既書之紙尾以紀其異，復寄語女郎：『傳已成矣，它日過瓜洲，幸勿作惡風波相虐，倘不見諒，渡江後必當復作，寧肯折筆同盲人乎？』時丁未秋七月二日，去庚子蓋八年矣。舟行衞河道中，拒（按：應爲距）滄州約百餘里，不數日，而女奴露桃忽墮河死。」〔註24〕

〈負情儂傳〉前半部完成於庚子，即萬曆二十八年（1600 年），後半部完成於丁未，即萬曆三十五年（1607 年），擱置八年，才得以重見天日，完成此部膾炙人口的鉅作。後續楙澄又作〈祭女奴墮水文〉，記載女奴露桃墮河事。

> 萬曆三十五年七月初五日，主父華亭宋楙澄自燕京攜家南歸，舟行衞河當油坊夏店之間，土人稱爲上口。於時湍水北流，猛風南駛，有家奴留壽妻露桃走船舷之右，墮水不起，澄暨主母不勝悲痛，……
>
> 〔註25〕

楙澄所言，並非一般文人妄託鬼神，或故弄玄虛，而是自眞人實事中汲取動人的養分，完成紀實的任務。而將現實社會的生活剖面入篇，更爲小說的創作開拓出廣闊無垠的新天地。

（二）故事背景在當代

　　宋楙澄紀實性文言小說擁有一個重要的元素，即其作品的故事背景設置在當代，包括他主要生活的明神宗萬曆時期，以及近代的明世宗嘉靖、明穆宗隆慶年間。當時傳聞未遠，軼事尚存，爲免年湮代遠，珍貴的史料散佚無形，抑或許是一股莫名的使命感驅使，促使他忠實地記錄當時的生活剪影。

〔註24〕《九篇集》卷之五〈負情儂傳〉，頁 551。
〔註25〕《九篇集》卷之九〈祭女奴墮水文〉，頁 593。

經統計，其《九籥集》稗篇共四十四篇作品中，故事情節發生在萬曆時期有十六篇〔註26〕，發生在嘉靖時期占十篇〔註27〕，二類合計約占稗編總數的百分之五十九，比例已過半。至於其他作品，如〈陳氏鐵符〉載陳氏老人依明太祖之命，探符出鍋事。〈廣陵乘興〉載狀元錢福致仕後，於明孝宗弘治年間發生的風流韻事。〈薛文清公〉實述明英宗正統年間，大理寺卿薛瑄下獄得免的原因。〈御戲〉雖未清楚言明朝代，但因述及明代特有的刑法「廷杖」〔註28〕，因此故事背景定於明代，應屬可信。即使傳聞色彩濃厚的〈呂翁事〉九則，時間也多鎖定在「萬曆中」或「世廟時」，即神宗及世宗二朝。據此，則故事背景設置在明代者共有三十篇，約占總稗編篇數的百分之六十八，已逾三分之二，具有相當高的比例。小說創作取材於當代或近代，表示小說家已有自覺地運用小說形式來直接反映社會現實，標幟著小說家小說創作觀念的進一步成熟。而宋棨澄即為引領這股新潮小說觀的先驅，如此先進的小說觀，相較於明朝前期的傳奇小說，如瞿佑《剪燈新話》、李昌祺《剪燈餘話》多遠托歷史或著重鬼神怪誕，以及邵景詹《覓燈因話》多記元明遺聞瑣事，宋棨澄的寫作方法獨樹一格，予人耳目一新的感覺。再與宋人傳奇「托往事而避近聞」〔註29〕的創作旨趣相比，更顯得大異其趣。宋棨澄在明代中期以後思想文化相對活躍的創作條件下，憑藉著對唐人傳奇寫實精神的新體驗與再認識，賦予傳奇小說嶄新的生命。

（三）實錄型態的筆觸

瞿佑《剪燈新話》是明代第一部，也是最負盛名的傳奇小說集，一般而言，此書常為人所詬病者，即故事中所記酬答的詩詞動輒盈篇，而內容空洞乏味，頗不足取。此固然是瞿佑身為文人，特意炫耀詩才的行為，但唐宋以來的傳奇作者也確有此風，至明代則愈演愈烈，成為明代傳奇的一個通病。

〔註26〕萬曆時期十六篇指〈敬德不伏老〉、〈珠衫〉、〈呂翁事一〉、〈呂翁事二〉、〈呂翁事三〉、〈呂翁事六〉、〈呂翁事八〉、〈呂翁事九〉、〈飛虎〉、〈巍石山〉、〈日本刀記〉、〈東師野記〉、〈西師記略〉、〈負情儂傳〉、〈顧思之傳〉、〈萬道人傳〉。

〔註27〕嘉靖時期十篇指〈劉東山〉、〈李福達〉、〈陶真人〉、〈呂翁事四〉、〈呂翁事五〉、〈鑒定〉、〈分宜〉、〈海忠肅公〉、〈徐文貞〉、〈宋氏君求傳〉。

〔註28〕《明史》卷九十五〈刑法志三〉記載：「刑法有創之自明，不衷古制者，廷杖、東西廠、錦衣衛、鎮撫司獄是已。」頁628。

〔註29〕魯迅著：《魯迅全集》（台北：谷風出版社，民國78年12月），第九卷《中國小說史略》，第十二篇〈宋之話本〉云：「宋一代文人之為志怪，既平實而乏文彩，其傳奇，又多託往事而避近聞，擬古且遠不逮，更無獨創之可言矣。」頁113。

例如《剪燈餘話》作者李昌祺，由於工詩，並善長集句，爲炫耀詩才，有意識地在小說當中羅列詩詞，如〈月夜彈琴記〉一篇錄入集七言唐宋句達三十首，這種堆砌詩詞，惟恐他人不曉的心態，已喧賓奪主地扼殺小說的生命力，其面目可憎，味同嚼臘。

傳奇小說演變至明代中後期，宋梣澄秉持著不受制約，不受羈絆的個人風格創作傳奇小說，其《九籥集》稗編的筆觸傾向於實錄型態。在此須先釐清，實錄型態的筆觸不同於實錄型態的形式，實錄型態的形式通常具有特定時間，以及發生的事件或經過，一般而言，屬史體的一種，如《明實錄》。亦有記述私人事跡的著作，如《四庫全書總目》史部傳記類存目有《孔氏實錄》。至於實錄型態的筆觸則指作者下筆時以據實記載的方式寫作，寫作的內容均與事件或陳述的主題相關，敘述時平鋪直敘，較少雕飾。在宋梣澄《九籥集》稗編四十四篇作品中，大量使用實錄型態的筆觸，最明顯的例證如《九籥集》卷之十稗編中收錄描寫民間雜耍技藝的極短篇，如〈猣猊舞已下俱鐘鼓司伎〉、〈擲索〉、〈疊七卓〉、〈齒跳板〉、〈雜伎〉五篇，記錄走會的民間藝人所表演的舞獅、走索、疊桌、吞刀、吞火等民俗技藝，最短的二十五字，最長的僅六十三字，作者用字簡要精練，無冗蕪之病。此類作品，在今日看來，與小說的形象相距甚遠。除極短篇外，長篇的〈珠衫〉，係就眞人眞事敷衍而成，僅一千七百三十三字，使用字數較多，用於較曲折的情節描述，非爲堆砌詩詞，且同樣採用實錄型的筆觸鋪敘，對於故事細節和心理變化的描述，寫實而細膩，眞摯而流暢，具有極高的文藝成就。宋梣澄《九籥集》其他稗編中實錄型態的筆觸比比皆是，此不贅述。

梣澄工詩文，但其稗編中並未大量摻雜詩詞，以炫耀詩才。寫詩像詩，寫稗像稗，這是梣澄對文類的堅持。其傳奇小說中不見明代前期瞿佑及李昌祺等人將故事敘述淪爲詩文的載體，或成爲逞才的手段，亦未見文人常犯的「吊書袋」毛病，這也是梣澄的傳奇創作在明中期以後作者輩出的情況下，其成就仍高居首位的原因之一。

四、引○○曰發以議論

在傳統史學中，史學家在回顧歷史的時候，並不把過去的事件單純視爲偶發的事件，而往往引爲現今及往後的教訓，遂於下筆記錄史實之際，隱含「微言大義」在其中，因此在各篇之末，附有一段評論，藉以表示史家對該

事件的看法。如此，可將個人觀點與敘述史事分開，並保持陳述史實的客觀性。其中，最典型的例證，便是史學鉅作《史記》。司馬遷於篇末所引「太史公曰」的評論文字，它顯現出歷史學家超脫於權力約束之外，成爲社會正義與公理良心的化身，展現強烈的使命感。以史學家的角度來敘述歷史事件，這是反映「事實」，但是在篇末對歷史事件、歷史人物直接進行評判，則是反映「價值」所在。因此，後繼的史學家，紛紛效法《史記》的撰述模式，而將史學家論史的優良傳統傳承下來。

在史學家論史的模式影響下，宋梣澄予以沿用於稗編作品之中。正因其稗編作品多屬紀實性風格，與史學家寫史時言必有據的堅持不謀而合，以故其稗編自然而然地呈現史傳的筆法，每每在篇末發以作者個人對故事的議論，並藉此分析或評論其價值所在。檢視其稗編作品，除《九籥集》卷之十收錄的極短篇作品多屬以「點」切入的片斷故事，無法提出全面性的評論外，其餘《九籥前集》卷之十一收錄的六篇作品中，較具小說規模的長篇作品〈劉東山〉、〈吳中孝子〉、〈珠衫〉、〈耿三郎〉均置入作者議論。此外，向來被視爲傳奇小說的〈負情儂傳〉，亦附有此類評論。

一般而言，作者於作品之後再發議論的目的，是在客觀的描寫之外，加以主觀的評論，藉此抒發一己之見，表示對評論負責，並使正文與評論有所區隔。然而進一步深入探究宋梣澄上述四篇作品的論述，可以發現作者雖承襲史論的傳統，卻利用此一園地，發揮其獨特的效用。茲臚列四篇評論如下：

曾見瑯琊王司馬親述此事。（〈劉東山〉）

宋生曰：「廢人喜述此事，蓋以其處變不擾也。」（〈吳中孝子〉）

廢人曰：「若此則天道太近，世無非理人矣。」（〈珠衫〉）

宋致柔曰：「余觀沛公當貧賤之日，直一無賴酒徒。及操權勢以爭天下，亦在有意無意之間，信乎？其困也，若魚龍之夜奮也，若握珠在雲，何至若耿三，擾擾中原而不知所稅駕也？余獨怪，夫不逞之徒，幸天下之有事，傳曰：『始禍者死』，此異人所以不敢爲天下先也。或者比之蚍蜉之流，余獨以爲不然。大國之卿，當小國之君，衛吾溫原也。彼扶餘之君，亦唐鎮一節度，曷足與文皇相頡頏。且度其志，不至於有成，不已，亦其器略使然。豈若異人隱姓名，匿鱗甲，舉世莫能想象其英雄之氣，誠勃勃不能爲人下者，庶乎！薄

大寶而不御者矣，非耿三孰能物色之乎？《經》曰：『機在目』，有心之目，良可畏也。」（〈耿三郎〉）

宋幼清曰：「余自庚子秋聞其事於友人，歲暮多暇，援筆敘事，……丁未攜家南歸，舟中檢笥稿，見此事尚存，不忍湮沒，急捉筆足之，……復寄語女郎：『傳已成矣，它日過瓜洲，幸勿作惡風波相虐，倘不見諒，渡江後必當復作，寧肯折筆同盲人乎？』時丁未秋七月二日，去庚子蓋八年矣。舟行衛河道中，拒（按：應爲距）滄州約百餘里，不數日，而女奴露桃忽墮河死。」（〈負情儂傳〉）〔註30〕

〈劉東山〉篇末雖未列「○○曰」的字眼，但仍附有簡短的作者評述。經查潘之恒《亘史‧劉東山遇俠事》，即錄宋楙澄本篇作品，且於「曾見瑯琊王司馬親述此事」前加入「宋叔意云」〔註31〕，顯然時人已認定爲作者的評論。至於作者宋楙澄所使用之「宋生曰」、「廢人曰」、「宋致柔曰」、「宋幼清曰」，均爲《左傳》「君子曰」、《史記》「太史公曰」等史傳的遺形。就形式而言，楙澄並不拘泥於單一樣貌，反而突破傳統，以不同名稱來稱述自己，或稱引某人語。不同稱呼表述楙澄寫作當時的背景或心境，如「宋生」或用於楙澄入國子監爲監生時，「廢人」則指引用廢人錢希言的評論。至於評議的作用，楙澄亦不落俗套，推翻史傳寫法中一貫地宣揚儒家思想的八股模式，反而依作者的個人意志，靈活運用。如〈劉東山〉說明故事內容其來有自；〈吳中孝子〉是推崇孝子處變不驚的表現；〈珠衫〉是告誡眾生天道好還，報應不爽的果報思想；〈耿三郎〉表示異人總是深藏不露，等待先機，並勸人收斂驕矜狂妄之心；〈負情儂傳〉則用以交待寫作時間及過程。隨著題材描寫的生活化，作者的評議亦呈現生活化的趨勢，同時亦較爲貼近市民情志，有助於廣大群眾的閱讀。

　　於稗編作品中保留史傳遺形的作法，在宋楙澄之前，《覓燈因話》作者邵景詹，即以「自好子曰」自爲評論。在宋楙澄之後，宋存標《情種》以「居士曰」自爲評議；潘之恒《亘史》出現「亘史云」、「野史曰」、「潘之恒曰」的作者評議。至清朝，蒲松齡著名的文言小說《聊齋誌異》，則使用「異史氏曰」來進行議論或抒情。雖然無法論斷宋楙澄此舉是否承襲邵景詹而來，亦

〔註30〕上引五篇評論，見《九籥前集》卷之十一〈劉東山〉，頁432；同卷〈吳中孝子〉，頁434；同卷〈珠衫〉，頁436；同卷〈耿三郎〉，頁437；《九籥集》卷之五〈負情儂傳〉，頁551。

〔註31〕〔明〕潘之恒撰：《亘史‧外紀》卷四〈劉東山遇俠事〉，國家圖書館藏明天啓丙寅（六年）天都潘氏家刊本，頁5。

無法認定潘、蒲二人是否受宋楙澄影響，但每位創作者用以評議的名稱各不相同，卻有異曲同工之妙，且因同時具有史傳遺形，而形成一特殊現象，並因此得以提供更多有關作者創作背景的線索。

第五節　《九籥集》稗編寫作技巧——以〈負情儂傳〉、〈珠衫〉、〈劉東山〉爲例

《九籥集》稗編中，最足以作爲宋楙澄的傳奇小說代表作的，即爲〈負情儂傳〉、〈珠衫〉、〈劉東山〉三篇，除了因爲故事內容引人入勝，令人愛不釋手之外，尤其在寫作技巧方面，展現驚人的創作功力，特別是關於描繪細緻、心理刻劃、情節安排、道具運用四部分，運筆自如，流暢動人，至今仍爲人稱道不已。

一、描繪細緻形象鮮明

明人傳奇小說在繼承唐傳奇傳統所造就的追求情節新奇的基礎上，逐漸重視描寫的委曲詳盡，並開始注意普通人的命運和遭遇，企圖以感情的共鳴來打動讀者，激盪出讀者的同理心。這樣的筆觸，瞿佑的《剪燈新話》中已見端倪，至宋楙澄《九籥集》稗編中的傳奇小說，則在前人的基礎上，進一步將其發揮到極致。如〈負情儂傳〉，女主角杜十娘被負情的李生以千金出賣後，作者不厭其煩地描述杜十娘將稀世珍寶一箱又一箱地投入水中：

> 女郎使李生抽某一箱來，皆集鳳翠霓，悉投水中，約值數百金，李生與輕薄子及兩船人始競大咤。又指生抽一箱，悉翠羽明璫，玉簫金管也，值幾千金，又投之江。復令生抽出某革囊，盡古玉紫金之玩，世所罕有，其價蓋不貲云，亦投之。最後恝生抽一匣出，則夜明之珠盈把，舟中人一一大駭，喧聲驚集市人，女即又欲投之江，李生不覺大悔，抱女郎慟哭止之，雖新安人亦來勸解……〔註32〕

作者若安排杜十娘執行開箱示寶的動作，不免予人炫耀財寶的感受，造成「自傲」的形象。但作者卻安排由李生執行開箱動作，一而再，再而三，寶物價值由百金，至千金，再到不貲，李生的懊悔隨著寶物價值被層層進逼，負情的形象愈明。而杜十娘竟視百寶如敝屣，一次又一次沉江，表達個人義無反

〔註32〕《九籥集》卷之五〈負情儂傳〉，頁550。

顧的決絕心理與對市儈勢力的控訴，最後將自己青春的生命一起投入浩淼的江水中，如此細緻的描繪，塑造出杜十娘果敢剛烈的「女英雄」形象。誠如宋存標《情種》所收〈負情儂傳〉對杜十娘一番控訴的眉批所云：「十娘乃大英雄。」〔註33〕如此評價，是對杜十娘角色與性格的肯定。〈負情儂傳〉的原文又述：「於是舟中崖上觀者，無不流涕，罵李生爲負心人，……當是時，目擊之人，皆欲爭毆新安人及李生，……」這些舟中崖上觀者的觀感，與閱讀者的觀感是同步的，亦即杜十娘的紅顏薄命、悲慘遭遇，以及剛烈的形象，已引起讀者情感上的共鳴，恨不得一起出手毆打新安人及李生，讀者能夠感同身受，象徵著作品的成功。

　　至於〈珠衫〉一篇中，除了人物內心的刻劃或情節的描述之外，語言使用以口語化爲原則，立即呈現出當下的反應，彷彿有一台攝影機在實況轉播，原汁原味地呈現當時的情境。這樣細緻的描繪，等於是近距離的接觸，拉近與讀者的距離，使篇中人物性格突出，形象鮮明。例如新安人曾向鬻珠老媼言道：「且夕死矣，案上二色，敬爲姥壽，事成謝當倍此。」一句話便顯露新安人內心的貪慕與急躁，不惜以死相逼，並用前金後謝來買通鬻珠老媼爲其謀畫。又如鬻珠老媼言及：「老身家雜，此中大幽，請攜臥作伴，爲鬱金侍兒。」用「家雜」、「大幽」及「作伴」三個再平常不過的理由，鬻珠老媼輕描淡寫地卸除楚人妻的心房，輕易地便直接登堂入室，凸顯出鬻珠老媼心機的深沈。再如楚中賈人欲出妻時所言：「適經汝門，汝母病甚，渴欲見汝，我已覓轎門前，便當速去。」雖不能忍受妻子的不貞，卻不揭發妻子出軌的醜態，而用岳母生病的理由送妻回娘家，可見楚中賈人宅心仁厚。再如已成進士妾的楚人前妻哭道：「是妾舅氏，今遭不幸，願憐箕帚，丐以生還。」在羞恥及悔恨交集下，楚人前妻不敢透露與前夫關係，謊稱爲舅舅，低聲下氣地求進士救前夫一命，表現出對前夫的眞情實感，餘情未了，是個重感情的人。透過廣泛使用口語對話的細緻描繪技巧，增加小說的眞實感，同時對於角色的性格塑造，產生決定性的影響。

　　再如〈劉東山〉一文，群豪首領十八兄的形象塑造別開生面。作者不以直筆敘寫，反而自十八兄的一舉一動著手，作局部的細緻描繪，由片斷的具體描述中，輕易讓讀者啓動想像的機制，拼湊出十八兄莫測高深的形象。例如劉東山欲「請十人過宿流連」，群豪卻一致表示「當請問十八兄」，組織中

〔註33〕見〔明〕宋存標《情種》卷四〈負情儂傳〉之眉批，頁717。

階級的高下立判。當群雄請示時，十八兄表示：「少有動靜，兩刀有血喫也。」語氣中明顯含有命令及威嚇的意味，同時祭出刑罰，迫使下屬遵從，凸顯十八兄身為首領的威嚴所在。而「十八兄自飲」說明與部屬身分的區隔；「計酒肉略當五人」襯托出十八兄的豪壯之氣異於常人；「夜中獨出，離明重到對門」，則用曖昧不明的線索傳達十八兄暗夜行動的神祕感。自始至終，十八兄的角色並未被完整地陳述，但片斷的細節描繪，反而刺激讀者的想像空間，將讀者的幻想力導向十八兄深不可測的形象，而此正與作者賦予十八兄的角色特質相吻合，顯然作者的寫作功力深厚，令人嘆為觀止。

　　透過宋楙澄文人之筆的精彩描繪，杜十娘的「烈」、鴇珠老媼的「奸」、新安人的「貪」、楚中賈人的「仁」、楚人妻的「真」、十八兄的「俠」，每個小說中的人物形象，都具體而鮮活地躍然紙上，造就生動活潑的人格特質，而人物的形象與特質便是小說的靈魂所在。

二、心理刻劃生動逼真

　　宋楙澄的傳奇小說在寫普通人的命運和遭遇時，已留意到刻劃其心理活動，透過劇中人物心理層面的描繪，提供讀者一個進入劇情核心的快速道路，讓讀者更容易進入作者預設的情境中。如〈負情儂傳〉杜十娘欲從良時，鴇母的心理活動：

> 母自揣，女非己出，而故事教坊落籍，非數百金不可，且熟知李囊
> 無一錢，思有以困之，令媿不辨，庶日忘日去。〔註34〕

又如李生為替杜十娘贖身，向親知借貸時，眾親知的心理狀況：

> 親知咸以生沈湎狹斜，積有日月，忽欲南轅，半疑涉妄。且李生之
> 父，怒生飄零，作書絕其歸路，今若貸之，非惟無所徵德，且索負
> 無從，皆援引支吾。〔註35〕

鴇母與親知都是斗升小民生活周遭的普通人物，作者將鴇母貪財輕人、親知疑懼推托的內心世界，表露無遺，刻劃得生動逼真，歷歷如在目前。

　　又如〈珠衫〉，作者寫楚人婦與外遇對象新安人初次見面時，兩人內心的感受：

> 家近市樓居，婦人嘗當窗垂簾臨外，忽見美男子貌類其夫，乃啟簾

〔註34〕《九籥集》卷之五〈負情儂傳〉，頁548。
〔註35〕《九籥集》卷之五〈負情儂傳〉，頁548。

潛眄。是人當其視，謂有好於己，目攝之，婦人發赤下簾。男子新
安人，客二年矣，舉體若狂，意欲達誠而苦無自，思曾與市東鬻珠
老媼相識，乃因鬻珠而告之。〔註36〕

婦人掀簾子偷看的初衷，是因為內心認為新安人外貌與丈夫相像。而兩人不
過四目交接，新安人內心便以為婦人對自己有好感，愈發目不轉睛地逼視。
作者又描繪事後新安人因內心痴狂，難掩衝動的焦慮感。內心的刻劃栩栩如
生，形象鮮明，順利地開展一段錯誤的戀情。

再如〈劉東山〉，作者描繪劉東山與少年三次會面，其內心的波瀾起伏：

東山視其腰纏，若有重物，且語動溫謹，非惟喜其巧捷，而客況當
不寂然，晚遂同下旅中。……至明日日西，過雄縣，少年忽策騎前
驅不見，東山始惶懼，私念彼若不良，我與之敵，勢無生理。……
東山初下席，視北面左手人，乃往時馬上少年也，益生疑懼，自思
產薄，何以應其復求？〔註37〕

作者描摹劉東山心理層面所展現初次見面的歡喜相逢，二度見面的誠惶誠
恐，以及三度相逢的憂心忡忡，都生動地躍然紙上，拉近與讀者的距離。

由於宋楙澄留意到小說人物心理層面的刻劃，使小說的敘述技巧更趨於
成熟，同時亦顧慮到讀者閱讀時的需求，從主觀交待到客觀描述，此乃小說
創作觀進一步發展的明證。

三、情節安排曲折多變

身為一個文士，宋楙澄秉持著對前代優秀小說的新體認與再認識，在下
筆創作傳奇小說時，有意識地追求情節的曲折多變，企圖藉此吸引讀者閱讀
的興趣與注意力。首先是情節於新奇中見自然，如〈劉東山〉：

東山始驚愕，……問少年神力何至於此，曰：「某力殊不神，顧卿弓
不勁耳。」……遙見向少年在百步外，正弓挾矢，向東山曰：「多聞
手中無敵，今日請聽箭風。」言未已，左右耳根但聞肅肅，如小鳥
前後飛過，又引箭曰：「東山曉事人，腰間驏馬錢一借。」於是東山
下鞍，解腰間囊，膝行至馬前獻金乞命。……東山失聲，不覺下膝，
少年持其手曰：「莫作莫作！昔年諸兄弟於順成門，聞卿自譽，令某

〔註36〕《九籥前集》卷之十一〈珠衫〉，頁434。
〔註37〕《九籥前集》卷之十一〈劉東山〉，頁431、432。

> 途間輕薄，今當十倍酬卿，……」言畢，出千金案上，勸令收進，……
> 既已安頓，復殺牲開酒，請十人過宿流連，皆曰：「當請問十八兄。」
> 即過對門，與未冠者道主人意，……十人更到肆中劇醉，攜酒對門
> 樓上，十八兄自飲，計酒肉略當五人，……夜中獨出，離明重到對
> 門，終不至東山家，亦不與十人言笑。〔註38〕

少年先用神力使劉東山震懾，再用箭術使其折服，又以取驃馬錢威嚇劉東山，使其驕矜之氣蕩然無存，只能膝行乞命。之後再相逢，少年不再捉弄劉東山，反而使其獲得十倍報酬，少年輕財任俠的形象，具體而清晰。更令劉東山震驚的是，這樣豪氣干雲的少年，竟只是以十八兄為首的游俠集團的一分子，而十八兄的不怒自威與倏忽來去，不由得讓人產生深藏不露的聯想。本篇雖屬於豪俠一類的故事，但作者非傳統地從濟弱扶傾、鋤強扶弱著力，反而別開生面，用少年一連串的俠義作風襯托其首領十八兄的高深莫測，又蘊含深刻的哲理，情節的安排饒富新意，具有活潑的趣味，頗具戲劇性的張力。

　　其次是情節安排趨向具體而多變，如〈珠衫〉中描寫楚人妻一步一步陷入鬻珠老嫗精巧細密的圈套中，先是賣珠喧嘩，引起楚人妻注意，又特意寄物，保留再見面契機，雨中來訪，藉留客天而相談甚歡，之後閨房相伴，調笑無禁。時機成熟，鬻珠老嫗偕新安人潛入婦家，酒過三巡，老嫗借撲蛾以滅燈，終使新安人有機可乘，鬻珠老嫗精心設計的連環套步步進逼，讓楚人妻不自覺地深陷其中，無法自拔。這是一個完美的誘騙出軌計畫，展現鬻珠老嫗心思的縝密。之後，再從一件珍珠衫牽引出楚人妻出軌的真相，楚中賈人顧念舊情，不動聲色地休妻，夫婦兩人破鏡後各自婚娶，又因一件命案而重合，楚中賈人前妻反成為妾，後妻則為新安人客死異鄉後的未亡人改嫁而來，情節的設計具體明確，又具有多變的風貌。作者善用小說中常見的巧合為技巧，將劇中的主要人物緊密地串聯在一起，命運環環相扣的情節設計，產生節奏明快的效果，更賦予讀者全新的感受。

　　此外，故事情節的跌宕發展，亦足以展現宋楙澄的寫作技巧。如〈負情儂傳〉雖屬才子佳人類的題材，但他跳脫唐傳奇以來佳人被拋棄（如《霍小玉傳》），或夫榮妻貴（如《李娃傳》）的情節設計，反而從杜十娘工於心計著手，一手策劃從良大計，渴望過上平凡人的幸福婚姻生活，排除萬難湊足贖身價碼三百金後，老鴇欲待反悔，十娘以人金俱亡來要脅，終得以如願贖身，

〔註38〕《九籥前集》卷之十一〈劉東山〉，頁431、432。

與李生踏上旅途，以為從此攜手共度餘生。未料情節急轉直下，人算不如天算，半路殺出程咬金，少年鹽商新安人因見色起意，誘拐軟弱的李生以千金出賣十娘。面對一心想托付終身，竟負心薄倖的李生，以及狡詐市儈的新安人，十娘不乞求，不揭露財寶委曲求全，反而選擇出示私蓄的百寶箱，把一件件價值萬金的寶物當著眾人的面悉數沉江，自己亦毅然決然地投身滾滾波濤中，以死明志，維護個人追求愛情的尊嚴。從情節的設計來看，杜十娘從良計畫的基礎是金錢：「託諸姊妹，蘊藏奇貨，將資李郎歸見父母也。」她主導贖身的計畫，卻主導不了愛情的發展；她掌握價值不菲的錢財，卻無法掌握人心的多變。在理想與現實的極度落差下，她選擇出示匣中的明珠，並壯烈地與明珠同葬江底。作者沒有用廉價的花好月圓來迎合一般人對大團圓的心理期望，卻選擇怒沉百寶箱的壯烈情節，為杜十娘的命運打下一個有力的驚歎號。如此迴旋曲折的情節，出人意料的結局，頗令讀者扼腕而嗟嘆不已。

由於宋楙澄所構思的情節往往曲折多變，一掃過去傳奇小說千篇一律，死氣沈沈的樣貌，就像人的鼻子會為了誘人的香氣而尋找香氣的來源，同樣的，傳奇小說的讀者也會為了新奇的情節而難掩一窺究竟的意念。宋楙澄傳奇小說的情節設計，確實有令人耳目一新的效果，挑動著讀者的閱讀神經。

四、道具運用隱含象徵

〈負情儂傳〉及〈珠衫〉兩篇傳奇文，是宋楙澄傳奇小說的代表作，而兩篇又不約而同地使用小道具來增加故事的感染力，其中所隱含的象徵意義，更顯示出兩篇作品的價值所在。

「百寶箱」、「珍珠衫」這類小道具的功能有四，一是在小說情境裡的實際用途，例如百寶箱的作用是盛物，珍珠衫則是消暑。二是使結構更為緊密，例如百寶箱的檯面化，強化杜十娘投江的決心；珍珠衫的現身，揭露楚人妻不貞的事實。三是推動情節發展，例如百寶箱原為姊妹合贈，一直到寶物沉江，杜十娘才揭露是自己平日的蓄積，將其費盡心思的努力過程一層層地剝露出來，最後換得同赴江水的命運。珍珠衫在主要人物間傳遞，將贈衫、驕衿、露底、出妻等情節一步步地推展開來。不論是百寶箱或珍珠衫，對於推動故事情節的發展，均有顯著的效果。四是揭示主題的象徵手法，此乃小道具最具深度的功能所在，值得深入探究。

〈負情儂傳〉中使用的小道具是杜十娘所擁有的百寶箱，這只百寶箱，

是全篇最富深意的物品，它是杜十娘賴以生存的有形物質，也是凝聚時機追求自由幸福的象徵，除小心翼翼寄託姊妹處避免露白或充公外，它亦代表對李生感情的最後底線。假如她透露箱中藏有萬金之寶，雖可使李生免於新安人的計誘，卻因此失去試煉李生愛情的機會，同時與先前期望李生自籌銀兩贖身的訴求相悖。然而一旦李生因短視近利而負心薄倖，為區區千兩之金便出賣兩人愛情時，箱中縱有再多奇珍異寶，也難以換取情郎的真心。因此杜十娘在投江之前以寶示人，憤怒沉江，釋出她對寶物及生命的最終保留，空留遺恨，也讓百寶箱點染傳奇般的絢麗色彩。因為杜十娘沉落江底的不只是「百寶箱」，而是當時社會漸漸消逝的道義、良知與真心。杜十娘始終沒能躲過禮教的束縛，成為金錢和利益的犧牲品。從結構來看，小道具百寶箱是極重要的關目所在，它把杜十娘的從良和沉江兩大重點聯結在一起，從良時的百寶箱隱而不露，象徵杜十娘籌畫贖身的心思縝密。至於沉江一節，則透過箱中寶物的沉江毀滅，象徵杜十娘個人價值的毀滅，亦象徵杜十娘的櫝中有珠及李生的有眼無珠。而箱中寶物的曇花一現，亦象徵杜十娘青春年華的早逝，徒留無限惆悵與惋惜。

至於〈珠衫〉，是一篇講究奇情的傳奇小說，故事由一個小道具珍珠衫串聯劇情。透過贈衫的動作，象徵楚人妻的真情由楚中賈人轉移到新安人身上。新安人巧遇楚中賈人，並以珍珠衫自矜，寄寓人財兩得。楚人妻與新安人共同犯下失德之舉，卻因陰錯陽差，或者說是鬼使神差，讓楚中賈人窺知這宗裡應外合的失竊案及外遇案，並以消失的珍珠衫作為出妻的理由，象徵著夫妻的緣分隨之終了。再從楚人妻的角度來看，失落珍珠衫，正可與夫妻離異相互呼應。之後不當取得珍珠衫的新安人遭盜負債，客死異鄉，橫遭天譴，滿足社會道德的合理期許。因此珍珠衫似乎有著「替天行道」的作用，儼然成為天、道或道德教化的代言人或執法者。換句話說，冥冥之中自有定數，將珍珠衫妥適地放置在特定位置，使其發揮作用。珍珠衫在幾個主要角色手中傳遞，見證人物的悲歡離合，此外，這件道具亦烘托出角色的道德情操，並將故事發展導向聽候因果報應發落命運。因此珍珠衫所象徵或蓄含的力量恰如一體兩面，一面是愛情的甜美，另一面則是果報的苦痛，連帶使新安人的下場，格外使人怵目驚心。就小說結構而言，小道具珍珠衫恰如其分地輪番上陣，以「一條情的絲線穿住了，前後貫通，左右勾連，織就了這一件中

國文學寶庫中閃光的珍珠衫。」〔註39〕

　　〈負情儂傳〉及〈珠衫〉二篇傳奇故事，由於作者對小道具「百寶箱」及「珍珠衫」的安排匠心獨運，寄寓豐富的內涵，讓小道具的價值不亞於主要角色，創造極高的文藝成就，使得宋梣澄的這二篇傳奇文在明代中後期鋒芒畢露。

第六節　《九籥集》稗編主要成就

　　明代中葉以後，由於城市的商業繁榮，市民階層的勢力逐漸壯大，市民意識對文學創作的影響加劇，促成文人的文學審美觀隨之進化，轉而對於兼具娛樂性質，筆法又簡潔優美的文言小說產生濃厚的興趣。同時，唐人傳奇小說作品在嘉靖以後被廣泛刊行，毫無疑問地產生推波助瀾的效果。影響所及，文士們撰寫傳奇漸成風尚，而其中作品數量眾多，影響最大，成就最高的則非宋梣澄莫屬。至於宋梣澄《九籥集》稗編最大的成就，則主要體現在「傳奇創作觀念革新」、「提高小說文學地位」及「明清小說戲曲張本」三方面。

一、傳奇創作觀念革新

　　宋梣澄的傳奇小說之所以受到眾人矚目，需有天時地利人和的條件。齊裕焜先生《明代小說史》曾言：「隆慶、萬曆時期約五十年是明代小說的鼎盛時期。」〔註40〕此段時間恰與宋梣澄的生卒年相重疊，對宋梣澄而言，可謂躬逢盛會。就外部環境的因素來看，受到文士們投身於傳奇創作的流風影響，是為天時。其次，宋梣澄半生飄泊，喜交好遊的人生歷程，有助於創作素材的採擷，是為地利。再推敲宋梣澄寫作傳奇小說的動機，主要是出自於個人的喜好，是為人和。雖然當時不少文人都從事傳奇創作，但是梣澄卻對於傳奇小說有獨到的觀點與體會，並在其傳奇小說創作中表露無遺。

　　在題材方面，明代第一部，也是最負盛名的傳奇小說集瞿佑的《剪燈新話》，多為煙粉、靈怪一類的故事，在題材上並無多少創新。至明代中後期宋梣澄《九籥集》稗編中的傳奇故事，其題材則涉及市民階層的真實面貌。他以創作為主體，對新市民文化衍生的審美趨勢有著自覺性的認知，並奔赴市民文化的沃土

〔註39〕夏志清著：《中國古典小說史論》（南昌市：江西人民出版社，2003 年 3 月，第 1 版第 2 次印刷），頁 321。

〔註40〕齊裕焜著：《明代小說史》（杭州：浙江古籍出版社，1997 年 6 月），頁 144。

汲取養分,以主動的姿態來關注現實,貼近平民百姓的日常生活。其中〈負情儂傳〉及〈珠衫〉是描寫愛情婚姻的題材,〈吳中孝子〉寫家庭生活的題材,〈劉東山〉、〈耿三郎〉寫豪俠的題材,〈李福達〉寫神怪的題材,〈鬼張指揮〉寫人鬼婚戀的題材,〈陶眞人〉、〈分宜〉、〈薛文清公〉、〈海忠肅公〉、〈徐文貞〉則以當代政治人物的軼事爲題材。凡此種種,題材多樣,豐富傳奇小說的內涵。由於宋楙澄的傳奇小說不落《剪燈新話》以來題材陳舊的俗套,反而藉由貼近市民風貌及現實精神的題材來發揮,激盪出傳奇小說旺盛多元的生命力,影響所及,這種寫實的創作精神在萬曆朝成爲傳奇小說的主流。

在寫作態度方面,明初瞿佑的《剪燈新話》,部分故事以前代舊作爲本,如〈申陽洞記〉由唐傳奇《補江總白猿傳》演化而來;〈天臺訪隱錄〉本於〈桃花源記〉等。繼起的李昌祺《剪燈餘話》,題材和寫法完全仿照《剪燈新話》。到萬曆朝,仿《剪燈新話》的創作仍未間斷,邵景詹的《覓燈因話》語言樸實雅潔,是較爲有名的一部。儘管《覓燈因話》是明代中後期較有成就的傳奇小說,但不可諱言,此書仍是受《剪燈新話》的啓迪而作的。作者在〈覓燈因話小引〉中借「客」之口說:「是編可續《新話》矣。」〔註41〕在一連串的「剪燈系列」前仆後繼地出現後,宋楙澄首先完全擺脫《剪燈新話》的窠臼,不再承其餘緒寫作,破除模仿因襲的積習,並與改寫唐人傳奇劃清界線,堅定地走向獨立創作的康莊大道。他從里巷傳聞中取資,從當代朝野發生的政治、社會事件中獲致靈感,展現出當代傳奇小說少有的創作內容與時代平行的寫眞傾向。這樣的寫作態度,讓《九籥集》稗編的傳奇小說獨領風騷,大放異彩,與同時期的作品相較,頗具有開創性的精神與意義。

在創作表現方面,宋楙澄意識到小說的感染力,可以表現出對於文字本身的超越性,營造出一種普遍感動人心的力量。文字的敘述,是一個理性的思維,但在文字之外,感性思維才是呈現作品深度及厚度的一個關鍵。感性思維是如何發揮作品感染力的方式,作者試圖貼近讀者的內心感受,進而引起共鳴。由於本身獨具的天分,透過小說家的筆調,運用作者個人的觀點和感情,以獨到的詮釋方式創造出的小說情境,刺激讀者的感性思維,進而提供每一位閱讀者解讀作品,觀察內涵,並發揮自己想像力的空間,這樣的過程,便發揮小說蘊含的感染力量。例如〈負情儂傳〉的悲劇意識,杜十娘由

〔註41〕〔明〕邵景詹撰:《覓燈因話》(臺北:天一出版社,民國 74 年 5 月,《明清善本小說叢刊初編》本),頁 1。

看似幸而轉為不幸的情節，原為悲劇的典型，作者以杜十娘代表社會上不幸
或弱勢者所特有殘缺的人生經驗，並以造化弄人的無奈，來反映人性的本質。
經由同情杜十娘的遭遇、怨罵李生的薄倖，悲劇意義深化故事的思想，使得
它的感染力更為增強。此外，將美好的、有價值的東西毀滅在世人眼前，使
人們懷有更多的同情和惋惜，這是悲劇意識的渲染力量，更積極的意義是讓
讀者去理解在苦難中，生命所展現出來的昇華動力。悲劇不是悲觀，是探索
人性尊嚴的依據，面對偉大與崇高的心靈，奮力對抗命運的勇氣，作者讓讀
者發現一個較原先沒有洞察到的世界更為真實的境界，從而對當前社會的苦
難與不幸，有所思考與反省，也由於小說強調被毀滅和被否定的有價值人生，
極大的反差，讓人更加珍惜生命。再如〈劉東山〉所蘊含的感染力，在於作
者用簡短扼要的文字，使用意在言外的語句，鋪述一個等待或預設的張力，
刺激讀者的感性思維，產生餘韻不絕的效果。而脫胎自老莊的「意在言外」
美學，讓讀者津津樂道「言外」的潛在訊息，其空白效應與讀者的想像力結
合，產生無遠弗屆的驚人效果。誠如明代文人潘之恒《亘史・劉東山遇俠事》
所言：

> 《亘史》云：「十八童最奇，以無作為更見豪宕，却多了『少有動靜，
> 兩刀有血吃』，二語何其淺露？彼狡童何渠，出此伎倆，夜中所行，
> 秘密乃爾，『三日而別』，亦不必究竟何事。此文高手，非《水滸》
> 能彷彿也。」〔註42〕

約與宋梊澄同時代的潘之恒認為對十八兄的描述雖然淺白無為，但卻顯得格
外豪宕神秘，其創作功力，可以和風行不墜的《水滸傳》相提並論。也由於
本篇作品展現出計畫性主題寫作的力道與精準，文字雋永，具有感染力，且
意涵深厚，是一篇成功的傳奇文。

值得順帶一提的是，宋梊澄的傳奇小說中，其詩詞文賦的融入渾然天成，
不再有明顯的斧鑿痕跡，或予人蛇足之感。如〈負情儂傳〉中，李生於旅途
中張羅舟車事宜時的表現：「生頻承不測，快倖遭逢，於時自秋涉冬，嗤來鴻
之寡儔，詘遊魚之乏比，誓白頭則皎露為霜，指赤心則丹楓交炙，喜可知也。」
於行文中摻入文賦，閱讀時順暢自然，如潘之恒《亘史・內紀》所錄〈負情
儂傳〉，便在「生頻承不測，快倖遭逢」下批註：「亘史云：此下行文忽入俳

〔註42〕〔明〕潘之恒撰：《亘史・外紀》卷之四〈劉東山遇俠事〉，頁5。

偶，亦覺筆端有神。」〔註43〕相較於《剪燈新話》、《剪燈餘話》中所記唱答的詩詞動輒盈篇，造成閱讀時的頓挫感，此處詞賦的嵌合顯得較爲從容自然，點到即止，同時體現出作者尊重讀者審美意識所投注的努力。

由於宋楙澄在題材、寫作態度及創作表現各方面的領悟與實踐，其傳奇小說尤其爲人所稱道，並成爲明代中後期傳奇創作中成就最高者。

二、提高小說文學地位

長久以來，在封建時代文人的心目中，小說戲曲，特別是通俗小說在文壇是缺乏社會地位的，如此局面肇因於儒家思想的影響。儒家思想向來將經史詩文，視爲正統，而以詞曲爲小道，至於小說戲曲，尤其輕視，無法進入文學之林。更因它與科舉大業無關，自然成爲「玩物喪志」的代名詞。一般來說，它是在低層民間流行的讀物，與標榜經國濟世的經籍史志是無法相抗衡的。這種根深蒂固，牢不可破的思想，一直要到明代李開先、李贄、湯顯祖、袁宏道等反傳統思想家的出現，使小說、戲曲、通俗文學受到前所未有的重視，並促成其進一步達到繁榮的境界。李開先曾指出：

> 《水滸傳》委曲詳盡，血脈貫通，《史記》而下，便是此書。且古來
> 更無有一事而二十册者。倘以奸盜詐僞病之，不知序事之法、史學
> 之妙者也。〔註44〕

再如李贄，其領悟更透徹：

> 詩何必古選？文何必先秦？降而爲六朝，變而爲近體；又變而爲傳
> 奇，變而爲院本，爲雜劇，爲《西廂曲》，爲《水滸傳》，爲今之舉
> 子業，皆古今至文，不可得而時勢先後論也。〔註45〕

李開先與李贄將小說與經典並列，震撼文壇，而這樣充滿浪漫主義的新興觀念使宋楙澄受到影響。雖然其詩文俱佳，但他傾力所重視與專注的，卻是衛道之士不屑一顧的「稗官家言」。這種思想體現在〈將遷居金陵議〉一文中：

> 徵天之衷，壬子借一于南都，不捷，當徙數麈于金陵，彙墳典，誦
> 讀其中，窮群經諸史之奧，及 國朝掌故，與百家言，暨周髀、甘

〔註43〕 〔明〕潘之恒撰：《亘史・內紀》卷十一〈負情儂傳〉，頁25。

〔註44〕 〔明〕李開先撰：《詞謔》（北京：中國戲劇出版社，1982年11月，《中國古典戲曲論著集成》本），〈二七〉，頁286。

〔註45〕 〔明〕李贄撰：《童心說》（台北：河洛圖書出版社，民國63年5月），卷三，〈焚書〉，頁98。

石、稗官、藝術之書，以迄二氏。〔註46〕

他將國史掌故、正經正史，拿來與稗官雜說、科技術數、佛道典籍相提並論。為貫徹與實踐其重視稗家者言的主張，他甚至在其著作《九籥集》內特闢「稗」編，記錄當時流行的通俗民間故事和所見所聞，並與自己的詩文創作合編在一起，表現出他對文言小說文體的獨立價值有足夠的認識。這樣獨立稗編的編纂體例，是將玄遠高妙、博大精深的「陽春白雪」，與通俗淺顯、平易近民的「下里巴人」二種文學風格同時呈現，使原本天差地遠的二條平行線，自然而然地結合而為一。這在封建時代的文人中誠屬罕見，更反映出宋楙澄奇節豪俠，不畏世俗眼光且獨樹一幟的人格特質。一般而言，詩文集與小說集在編輯時是各自獨立的，例如明代著名的傳奇小說集瞿佑的《剪燈新話》、李昌祺的《剪燈餘話》、邵景詹的《覓燈因話》、托名王世貞的《艷異編》等書都是傳奇小說的專集，但宋楙澄不落俗套，其《九籥集》中的「稗」編卻是與詩文並列的，並非獨立成書。這樣處理稗編的方式，頗具有積極性意義。因為把它看成和詩文同等重要，無疑有意提高稗編的地位，亦可見他對文言小說文體的獨立價值有先進的觀念與認知，其用意之深，不可不察。甚且，其稗編作品並不因未獨立成傳奇小說專集，而降低其成就，或阻礙其流傳，反而促使文人雅士藉閱讀其詩文集之便，順勢飽覽其稗編作品；市民百姓為一窺其稗編作品的風貌，或許兼以拜讀其詩文作品。因此，不管從文雅的角度，還是從通俗的角度來看，都必有可觀之處，堪稱雅俗並濟，兩者相得益彰。今驗諸《九籥前集》的編排體例，包括：卷一為記、卷二為序、卷三為小論、卷四為雜文、卷五為傳、卷六為誌銘、誄、卷七為書、卷八為說、卷九為祭文、卷十為赤牘、卷十一為稗。而《九籥集文》則包括：卷一為記、卷二為序、卷三為論、表、箋狀、卷四為雜文、卷五、卷六為傳、卷七為行狀、誌銘、卷八為書、啟、跋、贊、議、辯、原、卷九為祭文、卷十為稗。據此可以歸納出，只要是收錄文類的集子，必列「稗」編。值得一提的是，吳偉業編次的《九籥別集》，包括卷一為赤牘，其他卷二、卷三、卷四則皆為稗，顯然吳梅村先生在編選宋楙澄的作品時，亦認為稗編足以為其代表作品，因此特別重視，篇幅上便占有較大的比重。從《九籥集》及《九籥別集》的編排體例來看，保留稗編的一席之地，無疑是提高小說地位的具體作法，同時亦向世人宣告稗編的重要性。

〔註46〕《九籥集》卷之八〈將遷居金陵議〉，頁586。

　　宋楙澄因鍾愛稗官家言，友朋皆知，在〈葛道人傳〉題下小序曾述及：「仲醇（陳繼儒）謂余子喜稗官家言，毋失此奇事。」可知其友朋如獲知任何奇聞軼事，均輾轉相告。楙澄好友一代大儒陳繼儒先生亦以嚴正的態度來描寫稗官家言，其門生洪瀾〈陳眉翁先生行跡識畧〉曾載：「先生經歲著書，核如信史，定如鐵案，……如稗官野乘，亦了無恢詭調戲之幻詞，則先生之正也。」〔註47〕而楙澄師輩馮時可的作品集《馮元成選集》卷七十及卷七十一，亦闢「稗談」專卷，記錄里巷傳聞。此外，宋楙澄的好友錢希言，亦為一投身小說創作的文人。宋楙澄〈春日雜興詩序〉有言：「與錢一簡栖交善，……錢棄而為小說，至數十萬言。」錢希言〈松樞十九山自敘〉亦云：「頃余數年中著述頗多，計已就剞者五十餘卷，凡十有一種，小說與詩文相半。」〔註48〕再如為宋楙澄《九籥集》作〈九籥集序〉的好友謝廷諒，則為傳奇（此指戲曲）《紈扇記》〔註49〕的作者。楙澄的知交，多屬偏愛小說戲曲之人，所謂「物以類聚」，重視小說戲曲的文人數量不斷擴張，便直接促成小說戲曲地位的提昇。文人參與小說創作，一方面提高小說的地位，另一方面也提昇小說的文學水準，而宋楙澄的小說創作也因此取得較高的成就。

三、後世小說戲曲張本

　　《九籥集》中，最有價值也最為人所稱道的是「稗」編。其中記載許多地方傳聞，既是文學與藝術價值匪淺的傳奇小說，同時也為明末清代的通俗小說與戲曲提供基本素材，而成為晚明以降受到廣大市民熱烈歡迎的擬話本小說，以及其他戲劇作品的張本。換句話說，《九籥集》稗編的名篇，是頗具小說戲曲原型意義及價值的重要作品，不但受到後世其他小說家的青睞，在搜集編採當世風行的小說時予以收錄，甚至有流傳至海外如韓國、日本者，此舉直接促成宋楙澄傳奇小說的保存與傳播。

〔註47〕　〔明〕陳繼儒撰：《陳眉公先生全集》（國家圖書館藏明崇禎間華亭陳氏家刊本），收錄〔明〕洪瀾〈陳眉翁先生行跡識畧〉，頁1。

〔註48〕　〔明〕錢希言撰：《松樞十九山》（日本東京：內閣文庫，民國69年，明萬曆二十八年刊本），〈松樞十九山自敘〉，頁1。

〔註49〕　〔明〕祁彪佳著：《遠山堂曲品》（北京：中國戲劇出版社，1982年11月，《中國古典戲曲論著集成》本），艷品，《紈扇》，本篇作者為「謝廷諒」，祁彪佳的品評為：「為申伯湘作譜。或曰『其自況也。』」頁22。又〔清〕高奕撰：《新傳奇品》（北京：中國戲劇出版社，1982年11月，《中國古典戲曲論著集成》本），附錄〈古人傳奇總目〉記載：「《紈扇》，謝九紫作。申伯湘事。」頁282。

（一）〈負情儂傳〉

　　此篇是著名的杜十娘故事，堪稱明傳奇中的傑作，宋楙澄於題下序文曰：「王仲雍〈懊恨曲〉曰：『常恨負情儂，郎今果行許。』〔註50〕作〈負情儂傳〉。」說明題目命名的由來，而不再以女主人公名篇的形式改變，是擺脫唐傳奇窠臼的重要象徵。本篇是最早描寫杜十娘故事的小說，查天都逸史氷華生（潘之恒）所輯《亘史·內紀》卷之十一〈負情儂傳〉、宋存標《情種》卷四〈負情儂傳〉、詹詹外史《情史》〔註51〕卷十四〈杜十娘〉皆收錄本篇故事，馮夢龍《警世通言》卷三十二〈杜十娘怒沉百寶箱〉即根據本篇增飾而成，改編爲擬話本小說，並成爲馮夢龍「三言」作品中膾炙人口的名篇。抱甕老人所輯《今古奇觀》卷五也選入〈杜十娘怒沉百寶箱〉，可見其風行的程度。除了擬話本之外，影響所及，本篇被改編成戲劇的作品很多，如〔明〕郭彥深《百寶箱》傳奇〔註52〕、〔清〕夏秉衡《八寶箱》傳奇〔註53〕、〔清〕梅窗主人《百寶箱》傳奇〔註54〕等，均以杜十娘故事爲題材。梅窗主人的《百寶箱》傳奇則將結局改爲杜十娘投江獲救，李甲高中狀元，再娶十娘爲妻，以大團圓收場。

〔註50〕　〔梁〕蕭子顯撰：《南齊書》（臺北：鼎文書局，民國 67 年），卷二十六，〈王敬則〉記載：「上知之，遣敬則世子仲雄入東安慰之。仲雄善彈琴，當時新絕。江左有蔡邕焦尾琴，在主衣庫，上敕五日一給仲雄。仲雄於御前鼓琴作〈懊儂曲歌〉曰：『常歎負情儂，郎今果行許！』帝愈猜愧。」頁 485。王仲雄被誤植爲王仲雍。

〔註51〕　〔明〕馮夢龍編：《情史》（上海：上海古籍出版社，1990 年 8 月，《古本小說集成》本），或稱《情史類略》，又名《情天寶鑒》，署名「詹詹外史評輯」，是一部古代愛情小說的總集，選錄歷史筆記、志怪、傳奇、詩話，以及當代傳誦的男女情事，分類編輯而成，全書二十四卷，八百八十二條。

〔註52〕　〔清〕焦循著：《劇說》（北京：中國戲劇出版社，1982 年 11 月，《中國古典戲曲論著集成》本），卷四載：「卓珂月又有《百寶箱》傳奇引云：『……必可以生青樓之色、唾白面之郎者，其杜十娘乎？此事不知誰所覩記，而潘景升錄之於《亘史》，宋秋士採之於《情種》，今郭彥深復演之爲《百寶箱》傳奇，蓋皆傷之甚也。』」頁 171。〔明〕卓珂月所作〈百寶箱傳奇引〉，收錄於其著作《蟾臺集》中。

〔註53〕　〔清〕姚燮著：《今樂考證》（北京：中國戲劇出版社，1982 年 11 月，《中國古典戲曲論著集成》本），著錄九，〈國朝院本〉載：「夏秉衡二種：《八寶箱》、《詩中聖》，秉衡字平千，一字谷香，乾隆間華亭人。《八寶箱》一種《曲考》入無名氏。」頁 283。

〔註54〕　〔清〕梅窗主人著：《百寶箱傳奇》，國立臺灣大學圖書館藏清乾隆辛丑（四十六年，1781 年）刊本，演杜十娘事。另〔清〕無名氏編：《傳奇彙考標目》（北京：中國戲劇出版社，1982 年 11 月，《中國古典戲曲論著集成》本），卷下，一七三　無名氏，下方載錄「《百寶箱》」一條。頁 246。

　　〈負情儂傳〉在明清時期就流傳到日本、朝鮮，據日籍大庭脩先生《江戶時代唐船持渡書的研究》所錄的〈商舶載來書目〉查閱，《情史類略》於享保十五年（1730 年）、《情史》於寶曆六年（1756 年）〔註 55〕從日本長崎進口，以《情史》中〈杜十娘〉的面貌流傳，影響江戶時期作家都賀庭鐘（1718～1794 年）的讀本小說《古今奇談英草子後編繁野話》，簡稱《繁野話》。該書於明和三年（1766 年）正月出版，其第八篇〈江口俠妓憤薄情怒沉珠寶〉〔註 56〕，便是主要自《情史》之〈杜十娘〉及《警世通言》之〈杜十娘怒沉百寶箱〉取資而改寫之翻案小說；再如朝鮮人無名氏選編的《刪補文苑楂橘》，它是中國文言小說選本，原書為韓國所藏的朝鮮抄本、朝鮮活字本，在卷一就選錄〈負情儂〉〔註 57〕，從傳中新安人改稱少年來看，該篇係錄自潘之恒《亙史》〔註 58〕。由此可知，〈負情儂傳〉在日本及朝鮮仍然延續著生命。

　　清代中後期，蒙古族哈斯寶將《今古奇觀》翻譯成蒙古文，內含〈杜十娘怒沉百寶箱〉，序言中標明翻譯時間為一八一六年〔註 59〕。進入近現代，杜十娘故事被翻譯成德文、英文、法文、越南文在國外流傳。此外，更為地方戲劇所吸收，不斷地推陳出新，它曾被改編成為說唱鼓詞、彈詞、京劇、秦腔、川劇、評劇、越劇、河北梆子、楚劇、歌仔戲、曲劇、黃梅戲、晉劇、淮劇、揚劇、皮影戲、話劇、歌劇、廣播劇等等劇種的劇目，又成為連環畫

〔註 55〕〔日〕大庭脩編著：《江戶時代における唐船持渡書の研究》（日本吹田市：關西大學東西學術研究所，1981 年 3 月（昭和五十六年三月），第二刷），〈商舶載來書目〉，《情史類略》、《情史》均見頁 736。

〔註 56〕本篇日文版見近路行者著、千里浪子校（均為都賀庭鐘的戲號）：《繁野話》（東京：株式會社岩波書店，1998 年 9 月 10 日，第二刷，《新日本古典文學大系》），第五卷，〈江口の遊女薄情を憤りて珠玉を沈むる話〉，頁 90～113；中文翻譯本見李樹果譯：《日本讀本小說名著選》（天津：天津人民出版社，2005 年 1 月，第 2 次印刷），上編，《古今奇談繁野話》，第五卷，八，〈江口俠妓憤薄情怒沉珠寶〉，頁 99～108。

〔註 57〕〔朝鮮〕無名氏選編，季羨林等整理出版：《韓國藏中國稀見珍本小說‧刪補文苑楂橘》（北京：中國大百科全書出版社，1997 年 8 月），卷一，〈負情儂〉，頁 48～54。

〔註 58〕〔明〕潘之恒撰：《亙史‧內紀》（國家圖書館藏明天啓丙寅（六年）天都潘氏家刊本），卷十一，〈杜十娘〉篇末載：「本傳少年作新安人，吾不願與同鄉，故削去，非為之諱，當為憤俗者所原耳。」頁 29。因此，《刪補文苑楂橘》所錄〈負情儂〉應以《亙史》為本。

〔註 59〕莎日娜撰：〈清代漢文小說蒙譯概況研究──以烏蘭巴托版蒙古文譯本《今古奇觀》為例〉，《民族翻譯》2010 年第 3 期（總第 76 期），頁 48。

的主題，亦曾被拍攝成電影〔註60〕、錄製音樂專輯等等，劇種繁多，無法一一列舉。由上述可知，杜十娘故事的確成爲後世小說戲曲的張本，並且生生不息，根植於人心。距離原著〈負情儂傳〉完成的明萬曆三十五年（1607年），已相隔四百年，同樣的題材，卻可穿越時空的距離，若非杜十娘原創故事的經典性，如何變化出如此豐富多樣的藝術風貌？再就故事流傳如此久遠的情況來看，原創者宋楙澄的確造就一項傳奇。如將宋楙澄〈負情儂傳〉與馮夢龍〈杜十娘怒沉百寶箱〉相互比較，其基本情節相同，馮夢龍只不過是把〈負情儂傳〉中的人物「李生」、「新安人」，具體命名爲「李甲」、「孫富」，又將夜夢杜十娘的宋楙澄改爲李甲的友人「柳遇春」。兩篇傳記各有所長，但相較於〈杜十娘怒沉百寶箱〉的曲折離奇，〈負情儂傳〉則顯得較爲簡潔優美。

〈負情儂傳〉由於被馮夢龍改編成更爲成功，更符合大眾化口味，流傳更廣的擬話本作品，其價值和影響往往被〈杜十娘怒沉百寶箱〉的耀眼光芒所掩蓋，但宋楙澄原創的成功是不容抹煞與忽視的。

（二）〈珠衫〉

本篇敘述由珍珠衫引發的傳奇故事，與馮夢龍〈蔣興哥重會珍珠衫〉的情節相同。〈珠衫〉中尚無主人公蔣興哥與王三巧之名，僅謂楚中賈人某及其妻，然情節已相當完整。宋存標《情種》卷四〈珠衫〉錄有此文，篇末有云：「此新〈珠衫〉也，坊間有舊刻，得此後來居上。」〔註61〕詹詹外史所編《情史》卷十六〈珍珠衫〉即據此文收入，惟文字與現存《九籥集》本篇有小幅更動。至於馮夢龍《古今小說》卷一所收〈蔣興哥重會珍珠衫〉當以〈珠衫〉爲藍本敷衍。另抱甕老人輯《今古奇觀》，乃自三言二拍中選出佳作四十篇，成爲一集，該書卷二十三亦選錄〈蔣興哥重會珍珠衫〉。託名馮夢龍增編，實爲〔明末清初〕余公仁批補《增補批點圖像燕居筆記》下卷之十一收錄〈蔣興哥重會珍珠衫〉〔註62〕，本篇取自馮夢龍《古今小說》卷一同名小說。〔清〕

〔註60〕 拍攝成電影的杜十娘故事有三部，包括 1957 年上映的中國大陸戲曲電影「杜十娘」，係由許珂執導，廖靜秋、袁玉堂、周企何、司徒慧聰、董宛鶯主演的一部川劇電影片；1981 年上映的中國大陸電影「杜十娘」（THE BEAUTIFUL COURTESAN），係由周予導演，潘虹、佟瑞敏、吳慈華、婁際成、金雅琴主演的一部劇情片；2003 年 11 月上映的香港電影「花魁杜十娘」（又名「Miss 杜十娘」），係由導演杜國威執導，李嘉欣、吳彥祖、沈殿霞主演的一部喜劇電影。

〔註61〕 〔明〕宋存標輯：《情種》卷四〈珠衫〉，頁 722。

〔註62〕 〔明〕馮夢龍增補，〔明末清初〕余公仁批補：《燕居筆記》，全名《增補批點

步月主人編《再團圓》，清高宗乾隆四十五年（1780 年）尚志堂刊本，選輯小說五篇，第一篇即〈蔣興哥重會珍珠衫〉〔註63〕，封面上簡稱〈眞珠衫〉，本書係自清乾隆二十年（1755 年）泉州尚志堂刊本《今古奇觀》析出，另立書名單行，內容與《今古奇觀》相同。凡此均反映本篇價值所在。

　　〈珠衫〉與〈負情儂傳〉並列宋楙澄最著名的二篇傳奇文，兩篇作品在當時及後世都產生極大影響，成爲後世小說戲曲的張本。〈珠衫〉成爲馮夢龍所增潤的擬話本作品集「三言」中的名篇〈蔣興哥重會珍珠衫〉的前身，同時馮夢龍在編排時，該篇位列「三言」的第一本《古今小說》（即《喻世明言》）的首篇，足見其地位的崇高。隨著「三言」受到廣大市民的熱烈迴響，珍珠衫故事被改編成戲劇的作品很多，如成爲一集，該書卷二十三亦選錄〈蔣興哥重會珍珠衫〉。託名馮夢龍增編，實爲〔明末清初〕袁于令的《珍珠衫》〔註64〕、〔明〕柳氏的《珍珠衫》〔註65〕、〔明〕閒閒子的《遠帆樓》〔註66〕、〔明〕葉憲祖的《會香衫》〔註67〕等。

圖像燕居筆記》（上海：上海古籍出版社，1990 年 8 月，《古本小說集成》本），下卷之十一，〈蔣興哥重會珍珠衫〉，頁 2551～2652。

〔註63〕　〔清〕步月主人編：《再團圓》（北京：中華書局，1990 年 8 月，第 1 版，《古本小說叢刊》本），〈蔣興哥重會珍珠衫〉，頁 2299～2372。

〔註64〕　〔清〕焦循著：《劇說》（北京：中國戲劇出版社，1982 年 11 月，《中國古典戲曲論著集成》本），卷四載：「卓珂月作孟子塞《殘唐再創》雜劇小引云：『必也具十分才情，無一分怨謬，可與馬、白、關、鄭、《荆》、《劉》、《拜》、《殺》頡之頏之者，而後可以言曲，夫豈不大難乎？求之近日，則袁甯公之《珍珠衫》、《西樓夢》、《竇娥寃》、《鸚鵡袞》，……斯爲南曲之最；……』」頁 170～171。又〔清〕高奕著：《新傳奇品》（北京：中國戲劇出版社，1982 年 11 月，《中國古典戲曲論著集成》本），記載：「袁令昭，吳縣人。劍嘯閣。」高奕的品評爲：「海鶴鳴秋，聲清影淡。」袁氏所著劍嘯閣傳奇五本爲：「《西樓記》、《金鎖記》、《玉符記》、《珍珠衫》、《蕭霜裘》。」頁 272。袁韞玉名于令，號籜庵，一字令昭，歷官荊州知府。

〔註65〕　〔明〕祁彪佳著：《遠山堂曲品》（北京：中國戲劇出版社，1982 年 11 月，《中國古典戲曲論著集成》本），能品，有《珍珠衫》，本篇作者列爲「柳□□」，存姓闕名，祁彪佳的品評爲：「此易蔣興哥爲王士英。『訛姦』一節，皆六婆爲之，而巧兒卒以貞。然末段收煞，殊少精神。」頁 58。

〔註66〕　〔明〕祁彪佳著：《遠山堂曲品》（北京：中國戲劇出版社，1982 年 11 月，《中國古典戲曲論著集成》本），具品，有《遠帆樓》，本篇作者列爲「□□閒閒子」，祁彪佳的品評爲：「此即《珍珠衫》傳，惟會合稍異。其中俊句不乏，惜安頓無法，蓋繇作者尚未夢見音律，漫然握管耳。」頁 105。

〔註67〕　〔明〕祁彪佳著：《遠山堂劇品》（北京：中國戲劇出版社，1982 年 11 月，《中國古典戲曲論著集成》本），雅品，有《會香衫》，本篇作者爲葉憲祖，祁彪

〈珠衫〉故事在明清時期就流傳到日本、朝鮮，在日本是以《情史》中〈珍珠衫〉的面貌流傳；在朝鮮無名氏改編的《啖蔗》選錄〈珍珠衫記〉〔註68〕，該篇係據抱甕老人《今古奇觀》的〈蔣興哥重會珍珠衫〉刪改而成。

清代中後期，蒙古族哈斯寶將《今古奇觀》之〈蔣興哥重會珍珠衫〉翻譯成蒙古文。在近現代，〈珍珠衫〉故事更爲地方戲劇所吸收，它曾被改編成爲彈詞、京劇、川劇、秦腔、評劇、越劇、河北梆子、廬劇、阿宮劇、歌仔戲、潮州戲、莆仙戲、相聲、音樂劇等等劇種的劇目，又成爲連環畫的主題，亦曾被拍攝成電影〔註69〕等等，劇種繁多，無法一一列舉。由於原創〈珠衫〉以文言小說的樣貌問世，用字雖精簡，但情節完整緊湊，因此得以被更通俗化的白話小說及戲曲取資，將其文學及藝術成就擴展到淋漓盡致的境界。

（三）〈劉東山〉

本篇篇末作者曰：「曾見琅邪王司馬親述此事。」知本篇傳奇故事非取材自里巷街談的粗鄙傳聞，而是透過後七子的領袖王世貞〔註70〕轉述，再經宋楙澄文人之筆鎔鑄鍊後，始得以武俠傳奇文的樣貌呈現在世人眼前。葉洪生〈中國武俠小說史論（上）〉對本篇多有推崇：

> 明人武俠傳奇之文情較可觀者尚有李昌祺〈青城舞劍錄〉、宋濂〈秦士錄〉、宋懋澄〈劉東山〉、徐士俊〈汪十四傳〉及樂宮譜〈毛生〉等篇。〔註71〕

佳的品評爲：「此即《蔣興哥重會珍珠衫》傳也。上劇止奸尼賺衫一節事耳，未盡者以次劇繼之。元人原有此體，如《西廂》之分爲五劇是也。桐栢週來之詞，信手拈出，俱證無礙維摩矣。」頁158。

〔註68〕 姑蘇抱甕老人選輯，〔朝鮮〕無名氏改編，季羨林等整理出版：《韓國藏中國稀見珍本小說・啖蔗》（北京：中國大百科全書出版社，1997年8月），收錄〈珍珠衫記〉，頁64～80。

〔註69〕 拍攝成電影的珍珠衫故事有二部，包括2002年上映的中國大陸電影「珍珠衫」，係由滕華弢導演，陳錦鴻、蔡安蕎、李晨、曹曦文主演的一部劇情片；2005年上映的中國大陸電影「金瓶少女」，又名「珍珠衫」，係由謝晉執導，閻青、佟瑞欣、何賽飛主演的一部倫理片。

〔註70〕 〔清〕張廷玉等撰，〔民國〕楊家駱主編：《明史》卷二百八十七〈汪道昆〉載：「汪道昆，字伯玉，世貞同年進士。……晚年官兵部左侍郎，世貞亦嘗貳兵部，天下稱『兩司馬』。」頁1993。琅邪王司馬指王世貞，因系出山東琅邪王氏，又被稱爲王司馬。

〔註71〕 葉洪生著：《武俠小說談藝錄：葉洪生論劍》（臺北：聯經出版事業公司，民國83年11月），上篇，〈中國武俠小說史論〉，頁20。

雖然本篇企圖傳達「人外有人，天外有天」的勸戒，但卻以新穎的武俠奇情方式表現，牽引著讀者無邊無際的想像空間，擺脫刻板的教條式規勸，既隱含勸戒的功能，又保有娛樂的效果，是一篇成功的傳奇文。梣澄恩師馮時可《馮元成選集》卷之四十六有〈書劉東山事〉，故事情節相同，文字較爲簡省，篇末有言：「此事瑯琊王司馬及余友宋尙新皆有述，而近遇交河客，道之更詳，因書以警夫貪戀者。」〔註72〕則知本篇作於宋梣澄之後。附帶一提，本篇與宋梣澄〈劉東山〉情節上的差異，在於篇末劉東山自省後盡散千金，訪道不知所終，宋梣澄所作並無此關目，兩篇可互相參看。此外，天都逸史冰華生所輯《亘史‧外紀》卷四〈劉東山遇俠事〉即錄本篇，宋存標《情種》卷六收錄此文，篇名仍爲〈劉東山〉。而自馮夢龍編撰的「三言」擬話本小說集蔚爲風潮後，繼起的凌濛初所創作的「二拍」話本集中，《拍案驚奇》卷三〈劉東山誇技順城門　十八兄蹤奇村酒肆〉，則以本篇爲張本，加以增飾改寫而成，遂使宋梣澄〈劉東山〉的傳奇故事，得以用擬話本這種更通俗、更大眾化的文學形式，延續著生命。至清代，李漁《一家言文集》之一〈秦淮健兒傳〉〔註73〕所敘故事則大體與宋梣澄本篇相同。張潮編輯《虞初新志》，在卷五又收錄李漁〈秦淮健兒傳〉，篇末作者評論云：「張山來曰：嘗見稗官中，有趙東山誇技順城門，其事與此相類。甚矣，毋謂秦無人也！」〔註74〕趙東山爲劉東山之誤。王士禛《池北偶談》卷二十二〈宋孝廉數學〉則將宋梣澄的傳奇文〈劉東山〉與〈杜十娘〉並列，作爲《九籥集》中稗官家言的代表。蒲松齡《聊齋志異》第五卷〈老饕〉篇末則云：「此與劉東山事，蓋髣髴焉。」呂湛恩注云：「見宋幼清《九龠集》（按：龠應爲籥）。」〔註75〕至現代，本故事曾被拍攝成電影〔註76〕，出版 DVD。顯然此故事於明末清初時膾炙人口，而宋梣澄的〈劉東山〉則是同類型故事出現最早的，具有作爲典型的指標性意義。

〔註72〕〔明〕馮時可撰：《馮元成選集》卷之四十六〈書劉東山事〉，頁 31～32。

〔註73〕〔清〕李漁撰：《一家言文集》（北京：北京出版社，2005 年 8 月，第一版，《四庫禁燬書叢刊補編》本），之一，〈秦淮健兒傳〉，頁 19～21。

〔註74〕〔清〕張潮輯：《虞初新志》（北京：文學古籍刊行社，1954 年 12 月，第一版），卷五，〈秦淮健兒傳〉，頁 70～72。

〔註75〕〔清〕蒲松齡撰，〔清〕但明倫等評註：《聊齋志異評註》（臺北：臺灣商務印書館，民國 51 年），第五卷，〈老饕〉，頁 31～32。

〔註76〕拍攝成電影的劉東山故事有一部，2005 年 8 月 10 日，中國大陸電影頻道播出電視電影「群英會」，係由馮克安、馬中軒導演，晉松、馬蘇、陳之輝、王東方、延傑主演的一部古裝動作片。

（四）海忠肅公

〈海忠肅公〉所寫海瑞事蹟中，最具傳奇色彩的，應屬御史失符一事，海瑞獻失火奇計，迫使偷符的縣令不得不完璧歸趙。此一關目在凌濛初《二刻拍案驚奇》卷三十九〈神偷寄興一枝梅　俠盜慣行三昧戲〉一篇中，成為主角懶龍的俠盜事件之一，作為嵌入懶龍故事中的一段小插曲，而偷盜印信的是治行貪穢的吳江知縣。很顯然，此篇為凌濛初的白話小說提供基本素材。

（五）吳中孝子

本篇宋楙澄引用廢人錢希言之語，表達創作的旨趣在於賣酒人遭逢惡妻賣母之變後，能夠「處變不擾」，暗中查訪，終以妻易母，成全孝道。宋存標《情種》卷四亦收入〈吳中孝子〉。繼〈吳中孝子〉之後，晚明徐復祚《花當閣叢談》卷五〈金潮〉及晚明陸人龍《型世言》第三回〈悍婦計去嬭姑　孝子生還老母〉，均寫蘇州孝子用計以惡妻換慈母的故事，男主人公前者名為金潮、後者名為周于倫。〈吳中孝子〉出自《九籥前集》卷之十一，出版時間約在萬曆四十一年（1613年）。《花當閣叢談》成書於明熹宗天啟七年（1627年），《型世言》約刊於明思宗崇禎五年（1632年），則〈吳中孝子〉為同類型題裁中最早出現的。再就故事情節考訂，〈金潮〉及〈悍婦計去嬭姑　孝子生還老母〉均以〈吳中孝子〉為藍本敷衍〔註77〕。而陸人龍《型世言》係承馮夢龍「三言」、凌濛初「二拍」餘續所編撰的通俗小說，並以「一型」與之並稱。

（六）李福達

本篇記述嘉靖間術士李福達諸多奇聞異事，頗有神怪故事的趣味。李福達在當時即具有神通廣大的術士形象，透過宋楙澄文人的筆記錄下來，成為〈李福達〉傳奇故事。宋存標《情種》卷四亦收有〈李福達〉一文。錢希言《獪園》第二〈夜遊滇南〉有序文云：「已下十三條皆李福達事，王徵君稺登竹墅席上談。」〔註78〕該卷所述十三則李福達事，記其幻變諸蹟甚詳。雖然錢希言所記乃聽聞自王百穀，但經比對，其中〈夜遊滇南〉、〈劍叛〉、〈盜獻黃絹囊〉、〈畫屏女〉、〈拂雲見月〉、〈擲杯〉、〈飛劍斬湖蛟〉、〈分廚〉、〈送別揚子〉等九篇，故事大要與宋楙澄〈李福達〉近似。宋、錢兩人與王百穀均

〔註77〕陳才訓撰：〈《型世言》第三回素材來源新說〉，《明清小說研究》2009年第3
　　　　期，頁140～149。
〔註78〕〔明〕錢希言撰：《獪園志異》（書帶草堂藏板，出版年不詳，《知不足齋外書》），
　　　　第二仙幻，〈夜遊滇南〉及〈落魔道人〉，頁7。

友好，是否宋楙澄所記亦聽聞自王百穀，或王百穀聞自宋楙澄，轉述予錢希言，抑或宋楙澄聞自錢希言，目前尚無法斷定。又錢希言於十三則李福達故事之一的〈稅宅〉有述：「萬曆甲寅（四十二年）六月五日在華亭董翰林坐遇黃企石至，黃之先人嘗爲福達弟子。」〔註79〕可知《獪園》的出版在萬曆四十二年（1614年）之後，《九籥集》的出版可能爲萬曆四十一年，則宋楙澄李福達故事聞自錢希言的可能性較低。

（七）耿三郎

本篇敘述耿三郎因與壯夫同行，經窺探始知其爲異人，耿乃自省，不復妄意非分的過程。故事情節雖與宋楙澄另一傳奇文〈劉東山〉不同，但宣揚「一山還有一山高」的理念，兩篇卻有異曲同工之妙。宋存標《情種》卷四亦將〈耿三郎〉收入。

（八）鬼張指揮

本篇乃宋楙澄《九籥集》稗編中唯一寫人鬼婚戀的故事，但篇幅極短。此類故事成就最高者，爲清代蒲松齡《聊齋誌異》，其中數量最多者，即寫人神、人鬼、人鬼人怪之間的戀愛婚姻故事。雖然無法具體論證宋楙澄〈鬼張指揮〉對蒲松齡的影響何在，但相較於蒲松齡《聊齋誌異》，宋楙澄〈鬼張指揮〉的問世推測提早近七十年〔註80〕。雖說人鬼婚戀的題材，明初瞿佑《剪燈新話》卷之一〈金鳳釵傳〉及〈綠衣人傳〉等，都屬此類作品，宋楙澄承此餘續作〈鬼張指揮〉，同樣兼取志怪與傳奇的要素而融和之，卻將瞿、李二人炫耀詩才的通病完全革除，筆觸顯得簡樸而深刻。且就故事型態而言，稱其具有《聊齋誌異》的原型意識，亦不爲過。此外，天都逸史冰華生所輯《亘史·外篇》卷一亦收錄〈鬼張指揮〉一文，文字無異，僅於篇首加註「《九籥集》云」，表明其出處。

（九）葛道人傳

〈葛道人傳〉記錄萬曆二十九年（1601年）太監孫隆奉派到蘇州徵稅，橫徵暴斂，葛成在蘇州玄妙觀率領絲織工匠起義，殺死稅官黃建節，地痞湯莘，

〔註79〕〔明〕錢希言撰：《獪園志異》第二仙幻〈稅宅〉，頁13。
〔註80〕〈鬼張指揮〉一篇目前尚無法繫年，但因其錄入《九籥集》中，而《九籥集》的初刻約在明神宗萬曆四十一年（1613年）。至於《聊齋誌異》，約作於蒲松齡四十歲左右，其生年爲明思宗崇禎十三年（1640年），四十歲即清聖祖康熙十八年（1679年），相較於萬曆四十一年，二者相距六十六年。

稅監孫隆逃竄杭州。事後官府派兵鎮壓搜捕，葛成挺身投案，入獄多年的眞實事件。葛成的義舉與俠義的行爲，不僅揭露黑暗，表現人民反抗黑暗勢力正義凜然的精神，同時成功塑造市民階層的英雄形象。他得到不少文人的歌頌，比較著名的有〔明〕欽叔陽〈稅官謠〉、〔明〕陳繼儒〈書葛道人〉、〈題葛賢墓〉、〔明末清初〕錢謙益〈葛將軍歌〉等。筆記小說有〔明〕沈瓚《近事叢殘》、〔明〕朱國楨《湧幢小品》、〔明末清初〕文秉《定陵註略》、〔明末清初〕曹家駒《說夢》等。傳奇則有華亭名士〔明〕張獻翼的《蕉扇記》〔註81〕及〔明末清初〕李玉《萬民安》等，這些不同類型的葛成作品，宋楙澄的〈葛道人傳〉是當中較早完成的。在近現代，葛成故事曾出版現代通俗歷史傳記、連環畫、電子書，時至今日，葛成的義勇精神，仍爲人敬仰與傳誦。

（十）〈擲索〉、〈蟠桃宴〉

〈擲索〉寫擲索入空中，群兒走上躍下。〈蟠桃宴〉寫術士爲獻蟠桃，使小兒二度下天門偷桃，爲天狗所吠，脛下血淋淋等事件。與宋楙澄〈蟠桃宴〉情節類似的偷桃幻術有錢希言《獪園》卷二〈偷桃小兒〉、〔明〕王同軌《耳談》卷十三〈河洛人幻術〉等。〔清〕蒲松齡《聊齋志異》卷一〈偷桃〉故事，其基本情節與〈蟠桃宴〉相仿，但繩技、肢解的細節，則爲〈蟠桃宴〉所未載。然而繩技部分，卻又與〈擲索〉類似，則蒲松齡將〈擲索〉與〈蟠桃宴〉捏合爲〈偷桃〉，亦屬可能。不過，若論繩技之源，應爲《太平廣記》卷一九三所錄皇甫氏《原化記》的〈嘉興繩技〉。至於肢解情節，又見於〈河洛人幻術〉。因此，蒲松齡〈偷桃〉故事主軸，主要受到宋楙澄〈蟠桃宴〉的影響，但又非源於一端〔註82〕，來源複雜。

宋存標、潘之恒、馮夢龍、凌濛初、陸人龍、李漁等人對晚明清初小說戲曲的推動，均居於舉足輕重的地位，在其作品中，不約而同地收錄或增潤宋楙澄的稗編作品，顯見其影響的深遠程度。石昌渝先生在其著作《中國小說源流論》一書中曾言：

> 《三言》中有一部分作品來源於"說話"，而有一部分則是文人據

〔註81〕《九籥續集》卷之三〈葛道人傳〉有記：「張幼于，率士民爲文生祭，旨甚激亢，詞多不載，復作書致丁紳及當事，祈寬之，時有作《蕉扇記》譏丁。」頁674。張獻翼，字幼于，爲明嘉靖年間的蘇州名士，作有傳奇《蕉扇記》，其完成時間較〈葛道人傳〉爲早。

〔註82〕趙興勤撰：〈《聊齋志異·偷桃》本事考〉，《蒲松齡研究》1989年第2期，頁202～206。

筆記小說和傳奇小說改編，最著名的例子是《喻世明言》卷一〈蔣
興哥重會珍珠衫〉和《警世通言》卷三十二〈杜十娘怒沉百寶箱〉，
前者據宋懋澄《九籥別集》卷二〈珠衫〉改寫，後者據宋懋澄《九
籥集》卷五〈負情儂傳〉改寫，都不是來源於"說話"。這兩篇是
典型的文人創作，而且是馮夢龍寫得最成功的作品中的兩篇。〔註83〕

可見宋懋澄傳奇文作爲後世小說戲曲張本的原型意義所在，在晚明蔚爲風潮
的通俗小說「三言」、「二拍」、「一型」中，皆可見以其傳奇文爲祖本的再創
作小說，他能夠洞燭機先投入傳奇文的寫作，間接促成通俗小說的發達，具
有開創性的意義。而在爲馮夢龍、凌濛初、陸人龍的成就喝采的同時，不應
遺忘與宋懋澄一般的前人，爲開墾小說園圃所投注的心力，更應重新定位其
應有的評價。

第七節　小　結

　　任何一位作者所處的時代風潮及環境意識，對於個人的文學創作有絕對
的影響力，但唯有超越時代的限制，才能推陳出新，創造出不朽而值得傳頌
的作品。宋懋澄便是具有這樣的一個胸襟與智識的文人。他不因襲，不模擬，
全憑一己的創見及意念行事，因此才能突破前人窠臼，創造出自己的一片天
空。另一方面，宋懋澄以旁觀者角度給予小說紀實性的陳述，回歸小說娛樂
性的本質，不與經世濟民的嚴肅思想掛勾的表現，頗受當時小說觀的影響，
同時也是身處城市經濟發達時代的自然表現。

　　由於時代觀念的演變，晚明文人對於通俗文化突然特別關注，企圖利用
通俗的文學形式教化黎民，進而把儒家的思想推進到庶民的日常生活之中。
因而利用現成的筆記小說和傳奇小說所提供的故事來進行改寫，此一方式成
爲文人創作擬話本小說的通則。在晚明這一波文人創作的風潮中，宋懋澄《九
籥集》中的稗史家言，提供創造此一風潮所需的重要素材。由於宋懋澄的先
知先覺，特重稗官小說，無疑地爲繼起的馮夢龍、凌濛初、陸人龍等文人創
作擬話本小說提供參考路徑，並鋪設出一條康莊大道，爲此宋懋澄應在明代
小說史上占有一席之地。也由於晚明的非正統文人曾掀起一股重視小說、戲

〔註83〕石昌渝著：《中國小說源流論》（北京：生活・讀書・新知三聯書店，1994 年
　　　2 月），頁 258。

曲的新興浪潮，提供清代文人寶貴的經驗與進步的觀點，吸引文人投入小說、
戲曲的創作，為一向在文壇較無地位的小說、戲曲，在明清時期創造出一段
亮麗璀燦的光華。

第六章　結　語

　　晚明雖然政治腐敗，朝綱不振，然而商業發達，城市繁榮，交通便利，印刷技術提昇，出版事業興盛。在種種因素交互影響下，整個社會沈浸在一股熱衷文學藝術，重視精神生活的氛圍中。宋楙澄生在這樣的時代環境，又長在經濟富庶，人文薈萃，文風鼎盛的蘇松地區，加上華亭宋氏家族爲松江地區的著姓望族，耳濡目染，自然是飽讀詩書，學養深厚。觀察宋楙澄治學歷程，知其受師門影響有限，惟得自於友朋間的切磋與激勵較多，而其創作傾向則與其人格特質不無關係。由於楙澄個性任俠仗義，不囿於成見，自有主張，且能直抒胸臆，往往得到友朋推崇。明代科舉考試仍是取士的最主要途徑，綜觀宋楙澄成人後的生命歷程，可謂與科舉考試相終始。文人透過科舉考試，才能爲官從政，施展抱負。他卻困於舉業逾二十載，考中舉人後三次參加禮部會試，仍未得一第。儘管屢試不售，但他卻不停頓游歷的腳步，作客他鄉，亦不擱置手中的筆墨，勤於著述，其著作彙編爲《九籥集》。這是一部總結其一生寫作的詩文集，集中評點史事、褒貶人物、記載傳聞、創作傳奇、寄託感慨、針砭時政，頗富個人色彩。至清初，吳偉業選錄集中精華，另出版《九籥別集》，兩書在明末，清初皆曾流通。清高宗乾隆年間，以編纂《四庫全書》爲名，銷燬違礙書籍，《九籥集》因內容有詆毀後金之處，在乾隆四十四年（1779 年）被兩江總督薩載奏准列入全燬書目，《九籥集》的耀眼光芒，至此沉隱。一直到二〇〇〇年《四庫禁燬書叢刊》收錄《九籥集》及《九籥別集》，方使宋楙澄的著作以較完整而普及的面貌重現世人眼前。二〇〇二年出版的《續修四庫全書》亦收錄《九籥集》及《九籥別集》，對於宋楙澄著作的再度流傳，提供有利的條件。過去因爲清代的禁燬手段，扼殺《九籥集》流傳的動力，加以年湮代遠，未免模

糊《九籥集》存在的價值。因此，吾人應特別關心宋楙澄《九籥集》的重現與
復原，設法努力填補過去二百餘年幾近空白的記憶，使文學的傳承與發展找到
銜接的軌跡，其人其書的價值才得以彰顯。

　　晚明時期，由於反擬古主義的力量擴張，形成新的文學運動，主導者便
是公安派，袁宏道承繼李贄、焦竑、徐渭、湯顯祖等人的反形式、反擬古主
義觀點，發展出反對摹擬、獨抒性靈、文必貴質、重視小說戲曲的論點，蔚
為風潮。與公安三袁約生於同時的宋楙澄，當然不可避免地受此思潮影響。
我們從《九籥集》的詩文中爬梳，歸納出他反對模擬抄襲，主張率真尚實，
稟氣依道，重視小說，這些都和公安派的理論相近。然而他卻非全盤接受其
論調，尤其對公安派宗法性靈的尚俗風氣加以撻伐。他認為必須在古文雅正
的典刑下，發揮自我的本真，不矯情造作，強調真實奇趣，才能展現文章的
格調。不管是擬古派的形式模擬，還是公安派的獨抒性靈，都是屬於極端偏
峰的表現。宋楙澄崇雅嗜古的主張，彷彿是孫悟空頭頂的緊箍兒，它可以收
斂公安派輕率淺俗的弊病。雖然宋楙澄努力想成為晚明學風的調和者或折衷
者，可惜他只是一介布衣，在文壇上缺乏足夠的影響力，其論點也就無法與
鍾惺與譚元春為首的竟陵派相提並論。

　　晚明之際，宗教的傳播與影響不容忽視。余英時先生指出：「唐宋以來中
國宗教倫理發展的整個趨勢。這一長期發展最後滙歸於明代的『三教合一』，
可以說是事有必至的。」〔註1〕在宋楙澄《九籥集》的詩文作品中，亦不能脫
離儒釋道三教合一的思潮。集中許多紀實性新聞及關懷民生的作品，是強調
經世致用的儒家思想；許多夢寐徵奇的作品，大多和道家求道成仙的出世思
想相輝映；而許多參禪募緣的疏文，則是佛教對心靈的短暫慰藉。至於許多
日常生活隨筆的作品，題材多樣，形式自由，信筆直書，毫無滯礙，不為應
世干祿，亦不為聖人立言，與正統的文學不同，是一種新興的散文與詩歌，
有一種回歸自我的興味。其中，小品文及遊記類的作品較為突出，其小品有
機巧得趣的風味，遊記則有體驗山川的生活態度，尤其是尺牘小品，擁有極
佳的評價，兩者都是與當代流風相呼應的產物。

　　《九籥集》的稗編係宋楙澄最重要的代表作品，特別是〈負情儂傳〉、〈珠

〔註1〕 余英時著：《中國近世宗教倫理與商人精神》（臺北：聯經出版事業股份有限
　　　公司，2004年5月，二版），中篇，〈四、「以天下為己任」——新儒家的入世
　　　苦行〉，頁81。

衫〉、〈劉東山〉、〈吳中孝子〉、〈葛道人傳〉等，都成為後世小說戲曲的藍本，為馮夢龍、凌濛初、陸人龍、蒲松齡所取資。其中，〈負情儂傳〉是宋楙澄最經典的代表作，至今仍膾炙人口，傳唱不朽。如前所述，重視小說戲曲是公安派的貢獻之一，而宋楙澄則身體力行，致力於傳奇小說的創作。他完全擺脫「剪燈」系列的臼窠，有意識地自親朋好友間的傳聞及親身的體驗取材，用獨樹一幟的全新觀念創作傳奇小說。他拋開文以載道的傳統儒家觀念，在《九籥集》中專闢「稗」編，公然將小說登上大雅之堂。此舉無疑是肯定小說的教化意義，令人耳目一新。我們甚至可以說馮夢龍、凌濛初及陸人龍在通俗小說上的部分成就，是站在宋楙澄的肩頭上取得的。基於對原創者的尊重，吾輩尤應擔負起正本清源的責任。宋楙澄《九籥集》的成就斐然，具有為數不少有價值的小說史史料，實在不應被馮夢龍「三言」、凌濛初「二拍」及陸人龍「一型」在通俗小說上的成功來取代或掩蓋，而應在明代小說史上將宋楙澄置於馮、凌、陸三人之前，以回復宋楙澄《九籥集》稗編在小說史上的地位。闢如園丁，宋楙澄是辛苦的育苗者，馮夢龍、凌濛初及陸人龍則是成功的造園者。

　　除了本論文已經討論的主題外，《九籥續集》卷之四〈擬蘇松士夫請貼役疏〉記有明朝萬曆末年蘇松地區的里甲賦役情況，可作為當代的經濟史料；卷之六〈上房師司理　吳公論改金山衛建縣不便書〉有長江下游軍事防禦及上海地區方志史料；〈燕中歲時記〉、〈吳門歲時記〉、〈金陵歲時記〉及諸多遺文之間有豐富的民俗學史料；《九籥集》中所載諸多傳聞，亦為口述歷史的珍貴材料；而桃園三結義之一的關公，在明代是三教共同崇拜的神祇，其義薄雲天的氣魄，為宋楙澄所景仰，在《九籥集》中出現關公的次數有壯繆六次、武安王六次、關聖九次、關聖帝君二次，合計二十三次，頻率之高，除了是楙澄個人的偏愛之外，亦驗證關帝信仰的普及，可作為關帝信仰研究的佐證資料。這些都是遺珠之憾，留待有心人士再深入研究。

附錄：宋楙澄年譜

明穆宗隆慶三年己巳（1569 年）　一歲

六月初九，宋楙澄出生於松江府華亭縣南九里之蕭塘（今上海市奉賢區莊行鎮鄔橋社區張塘村）。

宋徵輿《林屋文稿》卷之十〈先考幼清府君行實〉云：「庚申秋，……至十一月十七日，終于華亭之米市里，距己巳生六月初九日，享年僅五十有二耳。」

《九籥集》卷之一〈日本刀記〉云：「丙申秋日，侍師於眞州公署，時余年二十八矣。」丙申爲萬曆二十四年，前推二十八年而得楙澄生年。

《九籥集》卷之一〈遊華陽洞天記〉云：「壬寅冬九月二十有九日，余舟次丹陽，……余碌碌人間，三十有四，……」壬寅爲萬曆三十年，前推三十四年，爲隆慶三年。

《九籥集》卷之四〈發願斷酒文〉云：「今上癸卯春，余以先慈權厝，……因念托生以來，於今三十五年，……」癸卯爲萬曆三十一年，上推三十五年，則爲隆慶三年。

《九籥續集》卷之二〈金粟如來記〉云：「余年四十八，無子，適旅吳門，……時丙辰九月十日也。」丙辰爲萬曆四十四年，前推四十八年，亦得生年爲隆慶三年無誤。

《九籥集》卷之二〈薜蘿館手錄序〉云：「華亭春申浦之南九里爲余故鄉，去所居東三百餘武，有大水通朝夕潮。」春申浦即黃浦江。

《九籥集》卷之七〈叔父參知季鷹公行略〉云：「……有仲傑公者，復徙華

亭之蕭塘，蕭塘之宋氏自仲傑始也。」

清嘉慶二十二年刊本《松江府志》卷五十三〈古今人傳五〉「宋堯俞」條云：「華亭人，世居虹橋。」

宋徵輿《林屋文稿》卷之三〈宋氏家乘序〉云：「始祖仲傑公以宋亂，自杭至宋，宅于黃歇浦南之蕭塘里，猶羈旅也。其後子姓日蕃，自蕭塘屬于虹橋，族顯矣。」黃歇浦即黃浦江。

《九籥集》錢希言〈九籥集敘〉云：「兒時居茸城之陋巷，莫有知者。因署所居之門曰：『窮巷不聞長者轍，短衣猶在少年場。』復題其座中曰：『一樽自小能留客，七尺於今未許人。』」

後遷入城內。清光緒四年刊本《重修華亭縣志》卷十五〈人物四〉「宋楙澄」條云：「宋《府志》：第宅在米市橋東南。」王澐《雲間第宅志》云：「南門河東大街……淨土、米市二橋間，宋孝廉楙澄二宅，子敬輿、徵輿分居，前爲友恭堂，後爲佩月堂。」

高祖宋倫（一作論）（1437～1498 年），字定夫，號錦村，明憲宗成化元年（1465年）乙酉科舉人，配錢氏（1432～1482 年）。

《九籥集》卷之六〈高王父錦村公本傳〉云：「高王父諱倫，字定夫，號錦村，味梅公之次庶子也，……所著有《錦村碎事》藏於家，……配錢孺人，性仁慈，……公生正統二年五月二十三日，卒弘治十一年六月二十三日；孺人生宣德七年七月十八日，卒成化十八年八月二十八日，……」

《九籥集》卷之五〈叔父安遠令憲卿君本傳〉云：「克輝君爲多官郎，子定夫舉於鄉，……」《〔崇禎〕松江府志》卷三十四〈鄉舉〉成化元年乙酉科「宋倫」條云：「定夫，天順丁丑瑛從子。」光緒《重修華亭縣志》卷十二〈人物一〉成化元年乙酉科舉人「宋論」條云：「定夫，天順丁丑進士瑛從子。」

吳偉業《梅村家藏藁》卷弟四十七〈宋幼清墓誌銘〉云：「高祖諱論，成化中鄉進士。」

《欽定四庫全書·竹嶼山房雜部提要》云：「是書凡〈養生部〉六卷、〈燕閑部〉二卷、〈樹畜部〉四卷，皆明華亭宋詡撰。〈種稙部〉十卷、〈尊生部〉十卷，詡子公望撰，公望之子楙澄合而編之。詡字久夫，公望字天民，皆見于書中，其始末則未詳焉。考黃虞稷撰《千頃堂書目》，載是書凡二十七卷，

前集〈樹畜部〉四卷、〈養生部〉六卷、〈家要〉二卷、〈宗儀〉二卷、〈家規〉
四卷，後集〈種植〉一卷、〈尊生〉一卷，此本蓋不完之書。」其所述世次
皆錯亂，宋論與宋詡為兄弟行，公望為宋論之子，楙澄為公望之曾孫。明刊
本《宋氏家要部家儀部家規部燕閒部》則署「華亭宋 詡久夫甫著，從玄孫
懋澄稚源甫校。」其世次正確無誤。

曾祖宋公望（1462～1522 年），**字天民，號西莊**（一作西庄），**配張氏**（1464
～1521 年）。

《九籥集》卷之六〈曾王父西莊公本傳〉云：「曾王父諱公望，字天民，別號
西莊，……配張孺人，性勤，……公生天順六年八月初八日，卒嘉靖元年七
月初八日。孺人生天順八年五月二十五日，卒正德十六年正月十二日，……」
《九籥集》卷之五〈叔父安遠令憲卿君本傳〉云：「克輝君為冬官郎，……
孫天民、曾孫惟易皆成均弟子。」嘉慶《松江府志》卷五十二〈古今人傳四〉
「宋公望」條云：「字天民，華亭人，居蕭塘，負才名，以諸生入國學，歷
試不售。……所著文，惜亡於倭亂。」

吳偉業《梅村家藏藁》卷弟四十七〈宋幼清墓誌銘〉云：「曾祖諱公望，……
太學生。」

祖父宋坤（約 1495～1573 年），**字維簡，一字惟易，別號三江，享壽七十九
歲。配唐氏，側室謝氏。**

《九籥集》卷之六〈王父三江公外傳〉云：「王父諱坤，字維簡，別號三江，
弱冠補博士弟子員，……旅於吳，因家焉，……晚年深得靜理，年七十八，
猶登匡廬絕頂，然自此委頓，不期年竟卒於家，詩文若干卷，未卒前與酒具
同筒，盜并筒竊去，稿遂亡，……」《九籥集》卷之五〈叔父安遠令憲卿君
本傳〉云：「克輝君為冬官郎，……孫天民、曾孫惟易皆成均弟子。」

據《九籥集》卷之六〈先府君本傳〉云：「先君會服既除，明年丁丑例計偕
矣。」丁丑為明神宗萬曆五年，堯俞服除應為丙子，丁父喪為癸酉至丙子，
則宋坤之卒年應為癸酉。因宋坤享壽約七十九歲，由卒年上推七十九年，得
其生年約為明孝宗弘治八年。

吳偉業《梅村家藏藁》卷弟四十七〈宋幼清墓誌銘〉云：「祖諱坤，太學生。」
《九籥集》卷之六〈王祖妣唐孺人外傳〉云：「王父旅於吳，因娶謝氏，……

王姒通時藝於司馬氏《通鑑》、朱子《綱目性理大全》、《大學衍義補》，諸書無所不窺。」

父親宋堯俞（？～1579 年），行二，字叔然，始號南華，中稱方林，晚年稱醒默，明世宗嘉靖三十一年（1552 年）壬子科舉人，生年不詳，餘見本譜。

《九篇集》卷之六〈先府君本傳〉云：「先君諱堯俞，字叔然，始號南華，中稱方林，最後稱醒默，非其志也，方林稱最久，……年十八補弟子員，……先君以壬子舉，……詩宗蕭庾，文撰《皇明史編》及《竹與山人稿》、《薊門稿》。……」

吳偉業《梅村家藏藁》卷弟四十七〈宋幼清墓誌銘〉云：「父諱堯俞，嘉靖中鄉進士。」

母親張氏（1549～1601 年），**仲兄懋澂**（1556～1598 年），**字淡父**（或作瀅甫），**號潔庵，配錢氏。姊一人，適陸懋繩。妹一人，早殤。餘見本譜。

《九篇集》卷之七〈先姒張太孺人乞言狀〉云：「先姒張孺人考蘆山君，世居華亭，故黃門白灘公從兄也，……視先兄澂父暨仲姊之歸陸氏者，自孩提以至撫棺，不啻己出，故兄姊之事，孺人亦同罔極，鄉黨以爲美譚。……既而不肖入燕，新婦妊復不舉，遷延抵冬，而訃聞矣，時辛丑十一月初二日也，享年五十有三。」

李維楨《大泌山房集》卷之十三〈貞節宋母張孺人墓志銘〉云：「……而有子懋澂，才似其父，其母張孺人者，女丈夫也。……是爲萬曆辛丑十有一月二日，距生嘉靖己酉五月五日，年五十有三。……子二人，長即懋澂，先孺人三年卒，澂婦錢氏。……次懋澂，幼清其字，爲雲間名士。……孺人女二，一爲諸生陸懋繩婦，一殤。」

宋徵輿《林屋文稿》卷之十〈庚子八月初七日以　誥贈二代改題神主恭記先大夫行實後〉云：「昔我嗣考潔庵府君歿於萬曆之戊戌，……」懋澂卒於萬曆戊戌，見本譜萬曆二十六年。

宋楙澂（或作宋懋澂），又名尚新，行三，字幼清，故字叔意，號稚源，一作自源或自原，室名九篇樓，有別號九篇生，又以禹成、禹期、湛兮、其蠣旅人等自稱。其著作有《九篇集》、《九篇別集》行世。

錢希言《松樞十九山・荊南集》卷上有〈宋三叔意移家薊門余方入楚贈別二十四韻〉詩，則宋楙澄排行第三。

《九籥集》錢希言〈九籥集敘〉云：「宋君幼清，幼清故字叔意。」又《九籥續集》卷之一〈景延卿詩稿序〉云：「幼清昔字叔意。」嘉慶《松江府志》卷五十五〈古今人傳七〉「宋懋澄」條云：「宋懋澄，字幼清，華亭人。……有《九籥集》、《別集》行世。」今存《九籥集》包含：《九籥前集》十一卷、《九籥前集詩》八卷（含詞一卷）、《九籥集》文十卷、《九籥集詩》四卷、《九籥續集》十卷、《九籥中集》一卷、《瞻途紀聞》一卷、《九籥後集》二卷，合計四十七卷，其中《九籥中集》一卷僅錄祭文一篇，即〈祭馮元成先生文〉，該篇另見《九籥續集》卷之八，為重複收錄之作，應不計入，故實際卷數則為四十六卷。另有吳偉業選錄之《九籥別集》四卷，而《九籥別集》諸作均散見《九籥集》各集之中，部分內容由吳偉業予以增刪。

《九籥集》卷之六〈先府君本傳〉云：「楙澄，先君之不成子也，少從兄弟行名楙澄，澄與懋不合義，八歲將抵京，復命名尚新，曰：「庶而思義乎？」尋牽於昆仲，復名楙澄。」馮時可《馮元成選集》卷五十〈宋貢士堯俞小傳〉云：「公沒數年，幼子尚新方弱冠，以詩文著。尚新詩詞洒然，無俗韻，其文甚奇，翩翩驊騮。曾為〈相公論〉三首，以白江陵勳，而洗其瑕。其持論有故，非漫語。」

現存宋徵輿《林屋文稿》，為上海圖書館藏清康熙九籥樓刻本，「九籥樓」為室名，源自宋楙澄。詹詹外史（一般認為即馮夢龍）編《情史》卷十六〈珍珠衫〉云：「九籥生曰：『若此則天道太近，世無非理人矣。』」九籥生即指宋楙澄。

楙澄「禹成」、「禹期」、「湛兮」、「其蝸旅人」等別名，見《九籥前集》卷之六〈殤兒愶虎誌銘〉云：「禹成自有虎以來…」。《九籥前集》卷之八〈戲陸三〉云：「小窗秋月竹影之間，時雜禹期。」《九籥別集》卷一〈戲陸三〉則云：「時雜幼清。」則知禹期即幼清別名。《九籥後集》云：「華亭宋楙澄湛兮甫著」。《九籥續集》卷之九〈跋後〉云：「其蝸旅人述」。

其著作命名之由來，《九籥集》文目錄後附記云：「鮑參軍（鮑照）〈升天行〉云：『五圖發金記，九籥隱丹經。』余好養生家言，故以名篇。」

藏書豐富，尤以藏有秘本及名人手鈔聞名。

嘉慶《松江府志》卷八十三〈拾遺志〉云：「萬曆間，郡中藏書之富者，王

洪洲圻、施石屏大經、宋幼清懋澄、俞仲濟汝楫四先生家爲最，幼清先生尤多秘本及名人手鈔、舊搨碑刻。」

明穆宗隆慶五年辛未（1571 年）　三歲

叔父堯明禮部考試不第，就任江西省德化縣教諭。

《九籥集》卷之五〈叔父安遠令憲卿君本傳〉云：「叔父避難四方，辛未再下禮闈，乃就廣文於江右德化，……」

明穆宗隆慶六年壬申（1572 年）　四歲

四五歲時，因有佛緣，幾隨胡僧而去。

《九籥續集》卷之二〈呂翁授藥記〉云：「憶年四五時，有胡僧至先君居，指澄笑曰：『乞是兒去。』先君笑不應，胡僧索飲，吸六罈酒，問數伸前款，先君卒不許，僧快快踏歌而去。先君携澄入，語先慈，先慈摩澄頂，泣數行下，經旬禁不令出，老奴輩時時道之。」

叔父堯明與祖父宋坤同登江西廬山，之後堯明轉任福建省歸化縣令。

《九籥集》卷之五〈叔父安遠令憲卿君本傳〉云：「……就廣文於江右德化，覽匡廬之勝，迎王父登之，未幾遷令閩之歸化。」又《九籥集》卷之六〈王父三江公外傳〉云：「年七十八，猶登匡廬絕頂，然自此委頓，不期年竟卒於家。」

明神宗萬曆元年癸酉（1573 年）　五歲

祖父宋坤約卒於萬曆元年，享壽七十九歲，父堯俞及叔父堯明均返家奔喪。

《九籥集》卷之六〈先府君本傳〉云：「先君會服既除，明年丁丑例計偕矣。」丁丑爲明神宗萬曆五年，服除應爲丙子，丁父憂守喪三年應爲癸酉至丙子，則宋坤之卒年應爲癸酉。《九籥集》卷之五〈叔父安遠令憲卿君本傳〉云：「無何，而丁三江公之喪，服除補浙東松陽令，……」《明史》卷五十八〈禮十二·凶禮一〉：「三十一年，太祖崩。……諸王、世子、王妃、郡主、內使、宮人俱斬衰三年，二十七月除。……文帝崩於榆木川，……禮部定喪禮，宮中自皇太子以下及諸王、公主，成服日爲始，斬衰三年，二十七月除。」明代內外官吏人等有丁憂的制度，遇到承重祖父母、親父母的喪事，自聞喪日起，不計閏，守制二十七月，期滿起復。

五六歲時，便自觀雲中體佛，直至十歲。

《九籥集》卷之一〈白毫光記〉云：「楙澄五六歲時，常於落日下見多佛雲，及寶座獅象雲，如是十歲，亦復瞻仰。」

明神宗萬曆三年乙亥（1575 年）　七歲

讀〈豫讓傳〉，因擅自批評古人，母親藉機教誨。

《九籥集》卷之七〈先妣張太孺人乞言狀〉云：「初先君家居，不肖恃愛多妄言，嘗讀〈豫讓傳〉起白先君曰：『讓欲刺襄子而襄子生之，是復以國士遇讓矣，彼智伯雖不若范中行之以眾人遇讓，然豈有再生之恩如襄子哉！不識又何以報之？故為讓計，惟有力諫智伯之多行不義耳，諫而不聽，先伯死之可也，與伯偕死亦可也，刺而不中，飄然遠引可也，漆身吞炭，無乃過乎？』先君喜亟撫掌曰：『兒非尋常人也。』出以語坐客，無不驚嘆。孺人聞之默然，俟先君退，深戚言曰：『余聞之，夫子不德而辨，禍必及焉，今豎子未閑明德而擅訿古人，禍之招也，抑君子非身當其時，則不敢以意參其是非，就以家庭喻焉，一事之始終，細微曲折，遺忘者嘗強半，安知豫讓不諫而記者失之耶！持此以立心則刻，處世則隘，刻必得罪于天，隘必得罪於人，是兒吾不知死所矣。』」

清光緒四年刊本《奉賢縣志》卷二十〈雜志〉「宋懋澄」條云：「字幼清，幼即穎異，年七齡，嘗讀〈豫讓傳〉，……其父嘉之，出以語客，無不曰此兒不凡。……舉座驚笑，以為機警絕倫。」

十一月，堂叔父堯武完成《宋氏家譜》之三修譜，並付梓。

宋徵輿《林屋文稿》卷之五〈家乘後序〉云：「始作譜者為白沙府君，於仲傑公為八世孫，諱曰詡，時為明弘治甲子正月；再作譜者為婁城府君，於仲傑公為十一世孫，諱曰堯咨，其時為嘉靖之癸丑；三修譜而梓之者為遜菴府君，與婁城府君同世，諱曰堯武，其時為萬曆乙亥十一月。」

明神宗萬曆四年丙子（1576 年）　八歲

讀《資治通鑑》。

《九籥集》卷之一〈悔讀古書記〉云：「始余先人蓄古今籍甚備，八歲時，涉獵司馬《通鑑》，不知有《新唐書》，偶見先人補之，因叩為何書？先人笑曰：

『是當留之以待汝讀者。』已而先人客京師旅亡，……」

冬，父堯俞守喪期滿，於冬天進京趕考，攜子懋淰與楙澄同行，將楙澄更名尚新，懋淰因病南還。

《九籥集》卷之六〈先府君本傳〉云：「先君會服既除，明年丁丑例計偕矣，乃束裝遊燕。……楙澄，先君之不成子也，少從兄弟行名楙澄，澄與懋不合義。八歲，將抵京，復命名尚新，曰：『庶而思義乎？』」

《九籥集》卷之七〈先妣張太孺人乞言狀〉云：「澄生八年而先君遊燕。」

《九籥集》卷之七〈先兄瀯甫君行狀〉云：「侍先君遊燕，遘疾南還，未幾而訃至。」

《九籥集》卷之九〈祭　先考方林府君及　先妣張太孺人文〉云：「嗚呼！我父與我母別於今上丙子之冬，……」

《九籥集》卷之九〈燕中祭　先府君文〉云：「嗚呼！昔吾父之來燕中也，澄甫八齡耳，有我母在，懵然不知失怙也，牽衣慟哭成永別之兆焉，孰知鶂首之北而不南自此日也。」

叔父堯明守喪期滿，補浙江松陽縣令。

《九籥集》卷之五〈叔父安遠令憲卿君本傳〉云：「丁三江公之喪，服除補浙東松陽令。」

明神宗萬曆五年丁丑（1577 年）　九歲

叔父堯明調任江西省安遠縣令。

《九籥集》卷之五〈叔父安遠令憲卿君本傳〉云：「丁丑改調江右安遠。」

父堯俞因失引，不得參與禮部春試，館於首輔張居正府邸。因上書勸諫宰相應守父重喪，喪失做官機會。

《九籥集》卷之六〈先府君本傳〉云：「先君會服既除，明年丁丑例計偕矣。乃束裝遊燕，既至，故事投引京兆府，檢引，引亡，竟失試，悵然將歸，不忍負江陵，上書道故，且呈所著《國史》，書上，大喜，即命諸子就拜，……勞溻落畢曰：『君第毋歸，老夫曩以文知君，君今獨不當以文課吾諸兒乎？』先君終謝不敏。明日請就邸舍，又明日致廩餼，乃不得已留燕，有間江陵遭父喪，先君從諸子徵奔喪期，則以重違　兩宮對。先君乃作書上相公，……

始先君自以雄才得一當世用，至是屢擯春官，旅食京邸，不勝伏櫪之悲，加以桑梓之感，……」

馮時可《馮元成選集》卷五十〈宋貢士堯俞小傳〉云：「初，江陵留公，欲以紫薇舍人官之，及得書，遂落落遇公，而公默默不得志，竟自遠。然自公上書後，江陵終不自安。而戚大將軍繼光在薊門，亦以奪情爲非，馳騎勸相公亟歸，請以內旨起華亭徐相國攝事。華亭老矣，當相公服闋時，彼何難於捐相印。江陵嘆曰：『戚君愛我深矣，曩宋生言若此，想人心盡然也。』密達之內璫馮保，保曰：『徐先生耄矣，毋累此老人，使不得首丘。』曾司空輩又深以爲不可，乃已。余往在駕部時，與公交，深知其事。」宰相之父張文明於萬曆五年九月十三日過世，依禮張居正應丁憂返家守喪，神宗卻要求宰相不許辭職，此類情況稱之爲「奪情」。《明史》卷二十〈神宗一〉記載：「萬曆……五年……九月己卯，起復張居正。冬十月乙巳，以論張居正奪情，杖編修吳中行、檢討趙用賢、員外郎艾穆、主事沈思孝，罷黜謫戍有差。」當時朝野對於奪情之事爭論不休，堯俞亦上書，勸諫宰相應守重喪，以履行對亡父的義務。

何三畏《雲間志略》卷十七〈宋孝廉方林公傳〉云：「初，江陵之留公也，欲官以紫微舍人，及得書，遂落落遇公，而公漸與之遠。然自公上書後，江陵終不自安，而公亦從此引去。當是時，公以一縫披落魄長安，彈鋏幸舍，乃不諾諾而諤諤也，此眞所謂撩虎鬚批龍鱗者，偉哉！是書讀之耿耿烺烺，有飛霜吐虹之氣焉，不亦可以爲難乎！」

李延昰《南吳舊話錄》卷十一〈規諷〉「宋孝廉」條云：「宋孝廉在京邸，當江陵奪情，公上書勸奔喪，有曰：『欲留者情，必去者禮。』江陵覽之曰：『宋生亦爲此言耶？』使子私問云：『先生於情禮間再當斟酌，以安家君。』先生張目應曰：『除情禮外，更有何字？其他公家所有，無待於言，然天下或以禮責相公，而且倖其見拒，將來喜自售其言，而樂觀相公之得謗，則家門之餘慶難持，亦非朝廷之福也。』後卒如其語云。」

吳偉業《梅村家藏藁》卷弟四十七〈宋幼清墓誌銘〉云：「父諱堯俞，……上書張文忠，諫奪情不得第，著《薊門集》以卒。」堯俞卒年見本譜後年。

明神宗萬曆六年戊寅（1578 年） 十歲

叔父堯明因馮完事件入獄。

《九籥集》卷之五〈叔父安遠令憲卿君本傳〉云：「戊寅而馮完獄起。馮完者，華亭庠胥也，罷而貪居華亭相國長君門下，叔父嘗藉之貸，償之倍矣，而馮故挾叔父陰事，歲時需求不已。……安遠道經虔州，……其遠來以索負，……而時時突上堂挾相國長君書，復出券稿若干於袖，……馮亦受瘴癘，臥寺中，……抵虔死。……相國長君素薇愛完，作書言完死狀甚異，復言完子所持累年券皆我貲也，契蓋子母計千金云，於是伯兄受大窘，罄業償三之一。」

明神宗萬曆七年己卯（1579 年）　十一歲

四月，父堯俞病卒於京師。兄懋澄北上奔喪，扶柩南歸。

宋敬輿《林屋文稿》卷之十〈先考幼清府君行實〉云：「父諱堯俞，字叔然，號方林，嘉靖中鄉進士，有盛德，工文章，受知于江陵張文忠公，會江陵奪情，上書爭之，不獲聽，竟卒于京師，天下奇氣之士悼焉。府君其仲子也，十一歲而方林公卒，號泣居喪如成人子。」徐朔方先生〈宋懋澄年譜〉將堯俞卒年訂爲萬曆六年，當誤。

《九籥集》卷之六〈先府君本傳〉云：「至是屢擯春官，旅食京邸，不勝伏櫪之悲，加以桑梓之感。會叔父霞峰令安遠，仇家構之陷獄，去京師甚遙，無能爲地，鬱鬱不樂，遂疽發背不起，友人司寇郎李○○經紀喪事，成禮而還。江陵歎曰：『是能深言者也，厚賵之。』」

《九籥集》卷之五〈叔父安遠令憲卿君本傳〉云：「戊寅而馮完獄起。……明年馮養子五六人來虔，擬收完骨，……而先君子亦以是年初夏卒燕邸，無及於急難，嗚呼痛哉！」戊寅爲萬曆六年，堯俞卒於次年初夏，即萬曆七年四月。

《九籥前集》卷之六〈亡婦楊氏誄有序〉云：「婦以今上丁亥冬歸澄，澄母張孺人自先大人亡，朝夕禮佛，願西方度，置家事幾十年矣。憐澄自食，更臨庖鮮，……」丁亥爲萬曆十五年，前推九年，則爲萬曆七年。

據嘉慶《松江府志》卷六十四〈列女傳一〉「贈大理寺少卿宋堯俞妻張氏」條所載：「堯俞舉於鄉，萬曆丁丑客燕，旅亡，訃至氏痛暈屢絕，時幼子懋澄方九歲。」萬曆丁丑即萬曆五年，此年堯俞確實滯留京師，但旅亡應在萬曆七年，且與所述懋澄九歲之齡不合，當爲十一歲。光緒《重修華亭縣志》卷十八〈人物七〉「贈大理少卿宋堯俞張氏　子舉人懋澄繼妻施氏」條亦載：「萬曆五年，堯俞客死京邸，懋澄方九歲，張氏誨導甚嚴。」亦誤植堯俞客

死京邸之時間為萬曆五年。

嘉慶《松江府志》卷七十九〈名蹟志〉奉賢縣冢墓「贈大理寺少卿宋堯俞墓」條云：「在瑤涇，馮時可志銘，子懋澄袝。」瑤涇在今上海市奉賢縣，此為遷葬後之地點，遷葬始末見本譜萬曆三十六年。馮時可《馮元成選集》卷四十五有〈祭宋貢士文〉，惟未見堯俞之墓志銘。

《九籥集》卷之七〈先兄澂甫君行狀〉云：「侍先君遊燕，遘疾南還，未幾而訃至，痛哭嘔血，即時就道，不日抵燕，讀先君托孤之辭，誓無引避，熒然扶喪南歸，縉紳先生多其孝，假之郵符，往返百日，時旅中惡少乘我初喪，含沙射影，幸先兄之卵翼，卒莫能傷。」

《九籥集》卷之七〈先妣張太孺人乞言狀〉云：「……先君竟旅亡如先慈慮。……已而果訃至，慟殞幾絕，水漿不入於口者數日。於是期功之黨，相聚勸孺人生日：『方林公惟二子而未有孫，孺人獨薄孟母不為耶！』先慈以為然，稍稍就飲食，越四月而先兄澂父扶先君柩南歸，孺人哭泣踰禮，感動路人，遂謝內政，絕口不問戶外事，朝夕扃門禮西方聖人，……」

叔父堯明因擅用庫錢被劾，待罪江西南昌，貶謫遼寧鐵嶺五年。

《九籥集》卷之五〈叔父安遠令憲卿君本傳〉云：「戊寅而馮完獄起。……明年馮養子五六人來虔，擬收完骨，別駕復嗾之訟撫臣、按使者暨藩臬己下。當是時，叔父已被劾，聽命於南昌，故諸馮得肆誣詆諸公，……縣籍得擅用所監金七十，引律謫戍遼之鐵嶺，……去縣之日，文槀數十束，瓶罍數事而已。待罪南昌，旅一小樓，閉門，終日嘯歌，同寅悲其蕭瑟，為之淚下，……居鐵嶺五年，博士弟子以藝執門人禮日眾，督學使者試諸生，有江左風，大驚，諸生以實對，乃大喜，延置官舍告於行藩，藩以客禮見，與語奇之。」

據嘉慶《松江府志》卷五十三〈古今人傳五〉「宋堯明」條云：「坐擅用庫錢被劾，謫戍鐵嶺。居久之，獲交大將軍李如松，因從出塞，斬十七級以歸，格於例，不得復官，僅釋伍歸。」

始習制藝。

《九籥集》卷之一〈悔讀古書記〉自述：「已而先人客京師旅亡，余兄淡父課余制舉秋，一切古今書皆秘之。」

讀《左傳》、《韓非子》。

　　《九籥集》卷之一〈悔讀古書記〉自述：「年十一，始習《春秋》，讀《左氏》，竊向書肆，欲搆《韓昌黎全集》，誤得《韓非子》以歸，喜其文詞，每籌燈讀至子夜。」

明神宗萬曆八年庚辰（1580 年）　十二歲

於夢中禮拜觀世音菩薩。

　　《九籥集》卷之一〈白毫光記〉云：「至十二時，夢禮　觀世音菩薩，生憍慢心，心遂散亂，然無心中每隨口輒誦云：『以何因緣，見何種味。』」

明神宗萬曆九年辛巳（1581 年）　十三歲

十三歲，能作文章。

　　陳子龍《安雅堂稿》卷十三〈宋幼清先生傳〉云：「先生幼孤，生十三年而能文章。」

讀《史記》未半，遭禁。

　　《九籥集》卷之一〈悔讀古書記〉自述：「年十一，……又二年，竊《史記》，卒業未半，輒爲藏書老奴索去。會有以《唐詩選》見遺者，得之如得醍醐，朝夕朗誦，與天籟相和，於是始成吟焉，時年十五矣。」士族之家期望子弟專注於舉業，如《史記》、《韓非子》等與科考無關書籍，都不許入目。

冬，兄懋淡葬父於故鄉黃浦江漕河馬灣之北。

　　《九籥集》卷之九〈燕中祭　先府君文〉云：「當辛巳之冬，兄淡葬父於故鄉馬灣之陽，堪輿指爲絕地。」

　　《九籥集》卷之七〈兒龍媒誌銘〉云：「辛亥余役於漕輸，……遂挈兒暨兒師與俱，……凡不食九日而亡，……因持其櫬，歸葬於春申浦漕河馬灣之南，地爲先府君舊葬處。」

明神宗萬曆十年壬午（1582 年）　十四歲

十四歲，能作詩。

　　《林屋文稿》卷之十〈先考幼清府君行實〉云：「十四能作詩。」

宰相張居正病卒，為相十年。

《明史》卷二十〈神宗一〉記載：「萬曆……十年……，張居正卒。」

明神宗萬曆十一年癸未（1583 年）　十五歲

三月，朝廷追奪張居正官階。

《明史》卷二十〈神宗一〉記載：「萬曆……十一年……三月甲申，追奪張居正官階。」

十五歲，讀《唐詩選》，能作古文。

《九籥集》卷之一〈悔讀古書記〉自述：「會有以《唐詩選》見遺者，得之如得醍醐，朝夕朗誦，與天籟相和，於是始成吟焉，時年十五矣。」

《林屋文稿》卷之十〈先考幼清府君行實〉云：「十五能為古文，交四方之士。稍習經生家言即棄去，喜節俠，善持論。」

以詞賦得到高承祚知遇。

《九籥集》卷之九〈祭高元錫太史〉云：「不孝澄之以詞賦受知於先生，蓋甫束髮也，……」高元錫，名承祚。束髮指成童的年紀，約為十五歲。

妹亡逝。

《九籥集》文卷之九〈燕中祭　先府君文〉云，父卒後：「不五年而吾妹亡，……不二十年而兄湬與母又相繼歿矣。」楙澄父親卒於萬曆七年，妹亡與兄卒相距父卒各為五年及二十年，兄懋湬卒於萬曆二十六年，則妹約卒於萬曆十一年。

《九籥集》卷之七〈先妣張太孺人乞言狀〉云：「澄生八年而先君遊燕，嗣自妄言稍戢，然從此待不肖日嚴，敝衣惡食，惟恐少過。……雖先君云亡，略不假借。及幼妹復殤，慮澄不永於年，始以柔條示警，然嚴毅之色，至老不弛。」楙澄兄妹二人為張氏所出。

堂叔父堯武晉升江西副使，主司郵驛。

《九籥集》卷之七〈叔父參知季鷹公行略〉云：「癸未擢臬副。」

何三畏《雲間志略》卷十九〈宋大參遜菴公傳〉云：「晉江右憲副，司郵傳，公為酌量徒馬舟車食物之費，歲減六萬餘金，著為令。」

明神宗萬曆十二年甲申（1584 年） 十六歲

四月，故宰相張居正遭抄家，八月，公告其罪狀，家屬流放邊疆。

> 據《明史》卷二十〈神宗一〉記載：「萬曆⋯⋯十二年⋯⋯夏四月乙卯，籍張居正家。⋯⋯秋八月丙辰，榜張居正罪於天下，家屬戍邊。」

> 《明史》卷二百十三〈張居正〉記載：「詔盡削居正官秩，奪前所賜璽書、四代誥命，以罪狀示天下，謂當剖棺戮屍而姑免之。其弟都指揮居易，子編修嗣修，俱發戍烟瘴地。終萬曆世，無敢白居正者，熹宗時，廷臣稍稍追述之。⋯⋯」

明神宗萬曆十五年丁亥（1587 年） 十九歲

六月，堂叔父堯武轉任雲南參知。

> 《九籥集》卷之七〈叔父參知季鷹公行略〉云：「丁亥轉滇南參知。」又據《明實錄》卷一八七云：「萬曆十五年六月，⋯⋯癸亥陞江西副使宋堯武爲雲南右參政。」

㮵澄與懋淡分家。

> 《九籥集》卷之七〈先妣張太孺人乞言狀〉云：「凡九歷寒暑，而不肖與先兄分爨，孺人一無所問，宗黨咸嘆異，以爲非常情所及。迨就養不肖之日，毅色戒曰：『爾父以一經復十世之業，爾毋以十世之業徇一身。』時以爲名言。速命襲吉娶婦楊氏。」

> 李維楨撰《大泌山房集》卷之一百二〈貞節宋母張孺人墓志銘〉云：「無何叔然卒，⋯⋯十年而澄淡析箸。」㮵澄成家前，與懋淡兄弟二人分家。

冬，娶婦楊氏。

> 《九籥前集》卷之六〈亡婦楊氏誄有序〉云：「楊氏，華亭著族也，婦世父故黃門崑南公，與先人壬子同舉於鄉，婦以今上丁亥冬歸澄。」楊氏伯父黃門崑南公即楊銓，字朝明，號崑南。何三畏《雲間志略》卷十六〈楊參知崑南公傳〉云：「而公以壬子應貢，舉順天鄉書，閱三年，丙辰登進士第。」與堯俞同時於明世宗嘉靖三十一年（1552 年）中舉。

> 《九籥集》卷之九〈燕中祭 先府君文〉云：「澄娶於己亥，新婦楊氏當庚寅之歲生子虎兒，婦因產而亡，⋯⋯」己亥爲萬曆二十七年，庚寅爲萬曆十八

年，丁亥則爲萬曆十五年，己亥必爲丁亥之誤。

自十九歲起，夢境不復單純。

《九籥集》卷之一〈白毫光記〉云：「及十九歲，牽於外境，夢寐穢雜。」

明神宗萬曆十六年戊子（1588 年） 二十歲

二十歲，善爲文章，以詩文著稱。

嘉慶《松江府志》卷五十五〈古今人傳七〉「宋懋澄」條云：「年弱冠，能文章。」

作〈江陵張相公論一〉、〈江陵論二〉等三首。

何三畏《雲間志略》卷十七〈宋孝廉方林公傳〉云：「而公歿數年，江陵既敗，高臺傾而曲江平矣。公之子孝廉懋澄方弱冠，爲〈相公論〉三首，以白江陵之勳業，而洗其瑕，其持論有故有倫，良非漫語。嗟嗟！一江陵也，父抗之于天下所競趨，子原之于天下所共誹，皆出孤特之談，別是一具肝腸齒頰，而其所著論尤奇。余故述之，以愧世之箠死虎而啖困龍者。」

《〔崇禎〕松江府志》卷四十二〈文學〉「宋懋澄」條云：「先是父堯俞以孝廉議江陵不守制，發萬言書。江陵既沒，爲人所共誹，懋澄乃作〈相公論〉三首，以白其勳，詞甚有故，非漫語也。」

馮時可《馮元成選集》卷五十〈宋貢士堯俞小傳〉云：「公沒數年，幼子尚新方弱冠，以詩文著。……曾爲〈相公論〉三首，以白江陵勳，而洗其瑕，其持論有故，非漫語。嗟乎！一江陵也，父抗于天下所競趨，子白於天下所共誹，皆謇謇諤諤，自爲肝腸齒頰，奇士哉！馮子曰：……尚新當相公之高臺傾而曲池平也，爲論原之曰：『余以媿夫箠死虎而啖困龍者，夫男子七尺，不自樹而借人樹哉！』其論亦嶒拔可喜。」今《九籥前集》卷之三收錄〈江陵張相公論一〉、〈江陵論二〉二首，當佚一首。

作〈虞相國祠堂記〉，並奉祀虞卿於家廟之左。

《九籥前集》卷之一〈虞相國祠堂記〉云：「不肖之少也，嘗聞友誼爲五倫之一，意甚酷敦之，及年二十已後，乃大笑仲尼之我欺，……余將祀虞，於是闢廟而祀之家廟之左。」

陳子龍《安雅堂稿》卷十三〈宋幼清先生傳〉云：「喜交遊，稍習經生家言

即棄去，顧好爲俠，慕戰國烈士之風，祠趙相虞卿於家，所以見志也。」

吳偉業《梅村家藏藁》卷弟四十七〈宋幼清墓誌銘〉云：「刻趙虞卿之像，就其家設祠堂事之，曰：『虞卿烈士，棄萬乘之相，而狥一人之窮，眞吾友也。』」

宋徵輿《林屋文稿》卷之十〈先考幼清府君行實〉云：「陸沈久之，以爲今之人不足友也，庶友于古之烈士乎？于是祠趙虞卿于家，蓋重其解印救魏齊云。」

秋試失利。

《九籥集》卷之七〈先妣張太孺人乞言狀〉云：「蓋不肖自甲午而後，已絕意人間，屢欲與手與筆札爲盟曰：『不及黃泉，毋相見也。』」此爲屢試見詘而發，甲午爲萬曆二十二年，此前萬曆十六年、十九年均有秋試。

冬，與顧承學相交。

《九籥集》卷之五〈顧思之傳〉云：「……思之其仲子也，長余九歲，及與余交，在戊子之冬，已縫掖再新矣。」顧承學，字思之，華亭人，爲顧清曾孫。

自二十歲起，屢登金、焦二山。

《九籥集》卷之一〈遊石排山記〉云：「江南之人渡大江者，必登金山，間登焦山，余年二十即爲妄心所驅，於二山猶逆旅也。」

受前後七子復古擬古主義的流風影響，二十歲前不看兩漢以後古文，二十歲後則魏晉南北朝以下文章均不入目。

《九籥集》卷之一〈悔讀古書記〉自述：「二十內闖於古，遇兩漢以下則勿視，曰：『是蝕吾古色者也。』二十外雖稍縱目，然遇六朝而下則掩卷，曰：『既不慎而蝕先秦，忍蝕其餘乎？』」明季士人之陋習若此。

明神宗萬曆十七年己丑（1589 年）　二十一歲

元旦，堂叔父堯武以滇南參知前往京師，祝賀　聖上「聖壽節」。

《九籥集》卷之七〈叔父參知季鷹公行略〉云：「丁亥轉滇南參知，又二年入賀聖壽，事竣歸省，遂走疏乞骸骨，……」

據《宋史》卷一百十二〈禮十五·嘉禮三〉記載：「英宗以正月三日爲聖壽

節。」又《明集禮》卷十七〈嘉禮一〉之「朝會」條云：「國朝之制，正旦
冬至聖壽節，於奉天殿受朝畢，賜宴於謹身殿及東西廡，其蕃使表貢，則以
其所至之日而設朝。」則明代朝臣於元旦之期，朝賀　聖上聖壽節。

明神宗萬曆十八年庚寅（1590 年）　二十二歲

正月，泊舟蘇州。

《九篇集詩》卷之四〈賦得長相思五首〉有序云：「余於庚寅元宵前三夜泊舟
胥門，雨雪淒其，夢與所歡長別，是年遂有破鏡之悲，來往於懷，與日俱積。」
胥門為蘇州西邊的城門。

春，自知身有佛性。

《九篇集》卷之一〈白毫光記〉云：「庚寅春，從友人遊，始知身有佛性。」

北上，隨堂叔父堯武前往京師，將游國子監，途經山東德州「苦水鋪」。

《九篇集》卷之七〈先妣張太孺人乞言狀〉云：「庚寅不肖從叔父季鷹公遊燕，
將入辟雍，……」

《瞻途紀聞》之〈苦水鋪〉云：「諺云：『苦水鋪，神仙留一度。』侈倚市也，……
乙卯再經，不勝蕭索，非若庚寅甲午，猶是綏綏。」苦水鋪在山東德州。《明
詩綜》卷一百載：「德州苦水鋪，土人素狡，諺云：『苦水鋪。神仙過。留筒布。』」

旅途中見盜賊首級高掛，顯示此地盜賊蠭起。

《瞻途紀聞》之〈嚮馬〉云：「余庚寅甲午猶見懸首柳間，今絕響矣。」嚮馬
指山東盜賊。

途經河北省河間縣。

《瞻途紀聞》之〈河間〉云：「石城，古黃河於此入海，曰滄，曰瀛，因水國
也，今黃河日徙而南，余庚寅至己酉時往來其地，猶見採蓮之舟棹歌盈
耳，……」

三月，作〈送劉太史奉太夫人歸豫章〉。

《九篇前集詩》卷之五〈送劉太史奉太夫人歸豫章〉云：「帝城三月問歸津，
墙拂桃花岸柳新，……奉　詔往還期早赴，鳳凰池上待陽春。」劉太史即劉
日寧。

《明史》卷二百十六〈劉日寧〉載：「劉日寧，字幼安，南昌人。萬歷十七年進士。改庶吉士，授編修。進右中允，直皇長子講幄。」

〔清〕謝旻監修，陶成編纂《江西通志》卷六十九〈劉日寧〉云：「字雲嶠，南昌人，⋯⋯萬歷進士，改庶吉士，與陶望齡、焦竑、黃輝、董其昌才名相先後，授編修，奉母假歸。」

秋，在京，與徐琰先生相交。

《九籥續集》卷之一〈敘徐文卿先生集〉云：「當庚寅秋，余漫遊長安，獲與徐文卿先生交，是時火酋心蔑虜土，牧馬于我邊陲，弁臣恃勇醉馳之敗績，師友奔首殞于是，⋯⋯不日而鄭大司馬遂承　命經略，司馬素諳夷情，受知于申文定公，而先生于文定，又姻親相善也，數言經略短長于公卿中，文定心非之，每止先生毋言，先生卒上書劾經略，至借劍尚方勿得，事幾危，⋯⋯」長安泛指京師，鄭大司馬為鄭洛，申文定公為大學士申時行。

《明史》卷二百二十二〈鄭洛〉記載：「鄭洛，字禹秀，⋯⋯萬歷⋯⋯十八年，洮河用兵，詔兼右都御史，經略陝西、延、寧、甘肅及宣、大、山西邊務。⋯⋯初，閱邊給事中張棟言，洮河之衄，殞將喪師，洛為其所輕，故東西移帳自便。太僕寺丞徐琰復詆洛，乞處分以除誤國之罪。」又據《〔崇禎〕松江府志》卷三十九〈賢達四〉「徐陟」條記載：「叔子琰以父蔭仕至太僕寺丞，負節俠，交遍海內，慨言事，上四疏，一劾中官，一止選宮人，一請尚方劍誅貴重臣，直聲大震。」徐琰為徐陟之子，而徐陟為相國徐階之弟。

冬，長子恊虎生，生十日而妻楊氏因難產而卒。十二月初一日，奉母命南歸。

《九籥集》卷之七〈先妣張太孺人乞言狀〉云：「庚寅⋯⋯將入辟雍，而婦因產亡，孺人經紀喪事，咸稱中禮，隨召澄歸，⋯⋯」

《九籥前集》卷之六〈殤兒恊虎誌銘〉云：「恊虎，楙澄子也，生之夕，澄母夢虎登新婦楊氏床，婦驚死，黎明乃育，因命今名。生十日而婦卒。」

《九籥集》卷之九〈燕中祭　先府君文〉云：「新婦楊氏當庚寅之歲生子虎兒，婦因產而亡，⋯⋯」

《九籥前集》卷之六〈亡婦楊氏誄有序〉云：「時澄方從叔父遊燕，會旅燕之音至，婦展書再三，命侍女開簾視日，陰嘆曰：『不能待矣。』尋笑曰：『能

忘情於兒女乎？』及誤服人參散，胸胃布滿，氣脈轉塞，始歔欷曰：『命也！』起浴易席，問其遺言，搖手而已。」

吳偉業《梅村家藏藁》卷弟四十七〈宋幼清墓誌銘〉云：「楊孺人之歿也，公在京師不及見，爲其留侍張太孺人也。」

《九籥前集》卷之一〈夢記〉云：「庚寅季多日在朔，余以寡妻病故，應老母命，策蹇南歸，在途十七日，將抵泗州，晚不及渡，宿於村中，⋯⋯」泗州在安徽省泗縣。

與顧承學、于兟先、趙佐結為詩酒交。

《九籥集》卷之五〈顧思之傳〉云：「余自庚寅遊燕，遭亡婦之喪，奉老母命南歸，鬱鬱不得意，與思之、季修、文度結詩酒交。」思之爲顧承學，季修爲于兟先，文度爲趙佐，與三人相交在今年或明年。

自喪妻始，備嘗艱辛。

《九籥前集》卷之十〈與張大〉云：「我二十前好名貪得，庚寅已後，備嘗艱險，始信奢儉苦樂，總是一妄，然猶以進取自勵，⋯⋯」

明神宗萬曆十九年辛卯（1591 年）　二十三歲

作詩〈悼亡新婦〉、〈感懷亡婦〉。

《九籥前集詩》卷之七〈悼亡新婦・其三〉云：「梅樹逢春花滿枝，東風寒暖暗相移催一作攜，昨宵細聽高樓笛，恨殺紅顏少護持。」婦亡在去多，作詩時已是隔年春天。

《九籥前集詩》卷之七〈感懷亡婦・其二〉云：「入門幸解罄交歡，老母慈顏逐日安，獨有一般難說處，怕開明鏡學青鸞。」。

在蘇州虎丘，作〈再泊虎丘感亡婦〉。游太湖石公山，作詩〈林屋洞〉、〈洞真宮〉。

《九籥前集詩》卷之七〈再泊虎丘感亡婦〉云：「去年夜泊虎丘西，楊柳拖花水面齊，何事五更貪曉月，便教先聽杜鵑啼。」

《九籥集》卷之一〈遊石排山記〉云：「余自快登涉異境，不減二十年前遊震澤石公山時，⋯⋯」文作於萬曆三十九年，前推二十年，即萬曆十九年。蘇州太湖內西山島有西山十景，島上有石公山，石公秋月爲西山十景之一。

《九籥前集詩》卷之四〈林屋洞〉云：「巨浸疑千里，探奇買棹來，上眞梁國建，甲里漢人開。橘柚滋山氣，風濤近夜臺，暮雲陰丙洞，欲御燭龍回。」林屋晚烟爲西山十景之一，林屋亦爲宋徵輿之號。

《九籥前集詩》卷之四〈洞眞宮〉云：「晴日東南望，波濤不忍看，吳歌君自好，俗禮我行難。鳧鷺參雲色，黿鼉激水寒，毛公丹井處，鍾乳老黃冠。」洞眞宮在毛公石壇壇後，而毛公積雪亦爲西山十景之一。

作詩〈鄭大司馬經略還朝簡寄兩公子〉。

《九籥前集詩》卷之五〈鄭大司馬經略還朝簡寄兩公子〉詩云：「九秋繁弱長安月，三載牙旗翰海霜，……」據《明史》卷二百二十八〈魏學曾〉云：「萬曆十八年，……朝命尚書鄭洛經略七鎮兼領總督。……明年春，閣臣王錫爵薦學曾。……而兵部尚書石星以順義既東，宣、大事急，召洛還定撫議，……明年，哱拜反，遂煽諸部爲亂。」鄭大司馬指鄭洛，自萬曆十八年起經略七鎮邊務，萬曆十九年召歸。哱拜反，見本譜萬曆二十年。

秋試再度失利。

見本譜萬曆十六年。

八月登南京牛首山、報恩塔，自此多病，作〈白下示洪二〉、〈戲　白下廝養〉、〈上方山五聖行宮〉。

《九籥前集》卷之十〈與蔣六〉云：「辛卯秋八月，登牛首浮屠，……」牛首山在南京南郊。

《九籥後集》之〈遊洪山寺記〉云：「余自辛卯登秣陵報恩塔，嗣後多病，常疑足力不任，……」秣陵即金陵。

《九籥前集詩》卷之四〈白下示洪二〉云：「欲度秦淮水，相將上板橋，星沈燈影重，雲渡月光遙。士女迎秋簟，將軍遠射雕，羽書朝夕至，故壘隱漁樵。」白下指南京，洪二指洪都。

《九籥前集詩》卷之七〈戲　白下廝養〉云：「車聲暮暮復朝朝，驢蹬低低馬蹬高，不怪坐郎頻出外，怪他直渡鐵心橋。」

《九籥前集詩》卷之五〈上方山五聖行宮〉云：「群靈帝服玉橫腰，鍾鼓喧闐賽絳綃，車馬夜驅滄海月，旌旗時度彩雲橋。」方山在南京南方。

入南京國子監。

《九籥集》卷之七〈先妣張太孺人乞言狀〉云：「庚寅……婦因產亡，孺人經紀喪事，咸稱中禮，隨召澄歸，就南國學，……」去歲冬喪妻，依禮，喪妻當服喪一年，故入南京國子監當在隔年，即萬曆十九年。

納粟入監，參看馮夢龍所著擬話本小說《警世通言》第三十二卷〈杜十娘怒沉百寶箱〉云：「話中單表萬曆二十年間，日本國關白作亂，侵犯朝鮮。朝鮮國王上表告急，天朝發兵泛海往救。有戶部官奏准：目今兵興之際，糧餉未充，暫開納粟入監之例。原來納粟入監的，有幾般便宜：好讀書，好科舉，好中，結末來又有個小小前程結果。以此宦家公子，富室子弟，到不願做秀才，都去援例做太學生。自開了這例，兩京太學生，各添至千人之外。」

《九籥集》錢希言〈九籥集敘〉云：「年未弱冠，多所淹博，名鵲起六館生徒中，自〈師春〉、〈白霓〉諸草一出，海內群公雜然，謂章華大夫、北門學士再見云。」六館，指國子監。上開二作今不存。章華大夫為楚國人，曾於〈登徒子好色賦〉中為宋玉辯駁，終洗刷登徒子對宋玉好色之誣。此指桩澄所具仗義直言的人格特質。北門學士指唐高宗時元萬頃、黃履冰等受召參與朝政，以分宰相之權。此處或指桩澄對朝政見解精闢，足適幕僚輔佐之任。

初識道家神仙之學，作遊仙詩〈仙子洞中有懷劉阮〉、〈劉阮重到天台不見仙子〉。

《九籥集》卷之一〈夢受大丹記〉云：「余自辛卯，粗聞宗旨，往來得失之間。」

《九籥前集詩》卷之五〈仙子洞中有懷劉阮〉云：「寶瑟曾將勸酒巵，霓裳卻令夢迴疑，波翻魚尾驚虛影，月耿山頭想畫眉。洞瑣桃花空窈窕，書傳野鶴半差池，總然會想長生藥，無奈胡麻出水遲。」劉晨、阮肇入天臺山的故事見《神仙傳》。

《九籥前集詩》卷之五〈劉阮重到天台不見仙子〉云：「洞口依然對夕曛，流泉細草漫氤氳，空餘禽鳥雙雙語，似有笙歌隱隱聞。曉路斜通尊酒月，天風低度往來雲，女郎若到桃花下，莫逐桃花滯水紋。」

明神宗萬曆二十年壬辰（1592 年）　二十四歲

春，遊婁中。

《九籥集詩》卷之四〈白氏第五女郎長齋十二絕句〉有序云：「壬辰之春，余偕友人訪婁中曹大、王五，遂成傾蓋，處同几席，出共舟車者幾年。時王挾五郎，曹擁七生，無何而各以事散去。」五郎、七生均爲妓名。婁中，指太倉。

四月，遊江蘇揚州，作〈廣陵杏花村〉、〈廣陵寄從二兄〉。六月，遊浙江嘉興。

《九籥前集》卷之十〈與藺二〉云：「壬辰四月，住廣陵十五日，不得至二十四橋處，迨六月出檇李道中，……」檇李，地名，在浙江省嘉興縣。

《瞻途紀聞》之〈平山堂〉云：「廣陵有二城，平山堂……太平寺，……萬曆時刺史吳公疏，新城河築梅花嶺杏花村，余遊於壬辰夏，乙卯叩土人掬茂艸矣，其河土人至今稱利，淮安及登州咸兩城，俗呼呂字。」廣陵即今江蘇省揚州。

《九籥前集詩》卷之五〈廣陵杏花村〉云：「王母祠連太乙壇，玉樓絳節擁仙官，月臨華表蘿烟暖，露冉雲旗斗柄寒。二女弄珠紅杏樹，雙成遺翠碧闌干，無緣乞賜金丹力，生轉瓊花一借看。」

《九籥前集詩》卷之五〈廣陵寄從二兄〉云：「期旬不檢白雲篇，夜發征帆是偶然，水長新荷魚繞躍，山生好樹鳥留連。嘗時竊臥窺西子，一勺難勝笑樂天，無恙池塘春草色，月明迴卻廣陵船。」從二兄當指宋茂益。

九月後，作詩〈虜救哱逆敗遁〉。

《九籥前集詩》卷之七〈虜救哱逆敗遁〉云：「花馬烽煙羽檄難，水生殺氣朔方寒。」談遷《國榷・壬辰萬曆二十年》云：「八月……著力兔遺書哱拜，約騎三萬餘渡河相助，官軍得書，巡撫朱正色命爲備，李如松、蕭如薰、李寧等擊敗之，斬二十五級，擒十四人，奪畜產千一百有奇，又達賊萬餘渡河，仍率麻貴、馬孔英等斬九級。」花馬池，今甘肅省鹽池縣西，此處乃泛指。

據《明史》卷二十〈神宗一〉記載：「萬曆……二十年……三月戊辰，寧夏致仕副總兵哱拜殺巡撫都御史党馨、副使石繼芳，據城反。……壬申，總督軍務兵部尚書魏學曾討寧夏賊。……甲寅，甘肅巡撫都御史葉夢熊帥師會魏學曾討賊。……甲申，罷三邊總督魏學曾，以葉夢熊代之，尋逮學曾下獄。……

九月壬申，寧夏賊平。」

年底，作〈西師記略〉，記寧夏哱拜叛亂之役也。

《九籥前集》卷之一〈西師記略〉云：「哱忿恥盈懷，乃與其黨劉東陽、許朝
子承恩，共殺党（按：党馨），……秋，御史梅國樓，奏學曾逗留養亂，　天
子大怒，命武士反接至闕，擢山右中丞葉夢熊代魏，……以如松爲大將軍，
八月，虜救夏人，如松戰於張亮堡，……十月城破，承恩出走，浙東將楊文
執之，賊黨悉就擒，國樓請承恩於朝，　天子從中丞議，十一月獻俘　太廟，
行賞各有差，……」哱承恩爲哱拜子，誤植爲許朝子；監軍御史梅國楨，誤
植爲梅國樓。

據《明史》卷二十〈神宗一〉記載：「萬曆……二十年……三月戊辰，寧夏
致仕副總兵哱拜殺巡撫都御史黨馨、副使石繼芳，據城反。……壬申，總督
軍務兵部尙書魏學曾討寧夏賊。……夏四月甲辰，總兵官李如松提督陝西討
賊軍務。甲寅，甘肅巡撫都御史葉夢熊帥師會魏學曾討賊。揣力克擒賊，叩
關獻俘，復還二年市賞。……六月丁未，諸軍進次寧夏，賊誘河套部入犯，
官軍擊卻之。秋七月……甲申，罷三邊總督魏學曾，以葉夢熊代之，尋逮學
曾下獄。……九月壬申，寧夏賊平。……十一月戊辰，御午門，受寧夏俘。
十二月甲午，以寧夏賊平，告天下。」

作〈與海門朱大〉。

《九籥前集詩》卷之四〈與海門朱大〉云：「生平二十四，白髮早參差，仗酒
悲心壯，看花發興遲。」海門在江蘇省海門縣。

留心國際情勢變化，作〈雜書〉十首，記日本進犯朝鮮事。

《九籥前集詩》卷之七〈雜書〉下有序文云：「時欲約海中諸國共攻日本，且
復海運。」又〈雜書・其二〉云：「大唐天子足雄謀，平壤三年不克收」。〈雜
書・其三〉云：「東征士卒不堪聞，鴨綠江頭有陣雲，聞說遼陽彫弊極，私心
欲叩李將軍。」〈雜書・其六〉云：「八道朝鮮勢不支，官寮密奏外人知」。〈雜
書・其九〉云：「暹羅日本路迢迢，大小琉球密受朝。」〈雜書・其十〉云：「將
軍自昔號長城，十萬旌旗討不庭，夜半燈前看玉帶，暗將雙足頓東征。」本
篇當作於倭寇初犯朝鮮，中日兩軍交鋒於平壤，且李如松尙未進軍朝鮮之時。
再據《明史》卷二十〈神宗一〉云：「二十年……五月，倭犯朝鮮，陷王京，

朝鮮王李昖奔義州求救。……秋七月……甲戌，副總兵祖承訓帥師援朝鮮，
與戰於平壤，敗績。……八月乙巳，兵部右侍郎宋應昌經略備倭軍務。己酉，
詔天下督撫舉將材。……冬十月壬寅，李如松提督薊、遼、保定、山東軍務，
充防海禦倭總兵官，救朝鮮。……是年，暹羅、土魯番入貢。」又《明史》
卷二百三十八〈李成梁〉云：「萬曆……二十年，……會朝鮮倭患棘，詔如松
提督薊、遼、保定、山東諸軍，克期東征。弟如柏、如梅並率師援勦。……
十二月如松至軍，……」對照《明史》，〈雜書〉十首當作於萬曆二十年。

以文章獲得高承祚賞識。

《九篇集》卷之九〈祭高元錫太史〉云：「不孝澄之以詞賦受知於先生，蓋甫
束髮也，又十年而以文章受知於先生，……」十五歲束髮，又十年約二十四歲。

續娶施氏，江蘇吳縣人。

《九篇集》卷之七〈先妣張太孺人乞言狀〉云：「三年而繼室于施氏，爲吳門
人，撫愛不異於楊。」又《九篇集》卷之九〈燕中祭　先府君文〉云：「壬
辰，繼室於吳之施氏。」又《九篇續集》卷之二〈金姬堰東失石硯記〉云：
「萬曆壬辰娶吳門施氏，新婦攜一小硯來，……」吳門指吳縣，即今蘇州。
吳偉業《梅村家藏藁》卷弟四十七〈宋幼清墓誌銘〉云：「公初娶楊孺人，
繼娶施孺人，先後以孝聞。」

《九篇前集》卷之六〈殤兒恊虎誌銘〉云：「況施氏母與汝有千日之歡，竟以
歸寧不得一臨，……」恊虎卒於萬曆二十三年，自娶婦施氏至恊虎卒，約千日。

冬，與新岳父施吉甫先生相約明年中秋為梣澄祈夢於仙遊。

《九篇集》卷之一〈遊華陽洞天記〉云：「因憶壬辰之冬，值余外舅施吉甫先
生聞遊，約以明年中秋爲余禱夢於仙遊。」

同父異母姊姊約卒於今年。

《九篇集》卷之七〈先妣張太孺人乞言狀〉云：「庚寅……婦因產亡，……至
乙未而虎兒死，當虎兒時，侍婢適訕兄澄父，母目攝之，余姊笑曰：『母迂
於慎矣。』曰：『非爾所知。』指虎兒與施氏曰：『是兒猶澄，而婦即我也，
今我薄視澄，異日婦將薄視虎矣。』」虎兒生於萬曆十八年，卒於萬曆二十
三年，與姊之生卒年互有重疊，且梣澄續娶施氏時，其姊尚存。

《九籥集》卷之九〈燕中祭 先府君文〉載錄父親卒後，「不五年而吾妹亡，又十年而姊逝矣，不二十年而兄淡與母又相繼歿矣。」堯俞卒於萬曆七年，妹約卒於萬曆十一年，兄卒於萬曆二十六年，妹亡與兄卒相距父卒各爲五年及二十年，與祭文中所述年份相符，則知上開年份乃相對於堯俞卒年而言。至於姊之卒年究竟爲父卒後十年？抑或妹卒後十年？如爲父卒後十年，即萬曆十六年，時虎兒尙未出生，姊與虎兒無從相見。因此姊之卒年不爲父卒後十年，而爲妹亡後十年，約爲萬曆二十年。

李維楨《大泌山房集》卷之一百二〈貞節宋母張孺人墓志銘〉云：「孺人女二，一爲諸生陸戀繩婦，一殤。」

《九籥集》卷之七〈先妣張太孺人乞言狀〉云：「……視先兄澄父暨仲姊之歸陸氏者，自孩提以至撫棺，不啻己出，故兄姊之事，孺人亦同罔極，鄉黨以爲美譚。」則適陸戀繩者爲同父異母姊姊，殤者爲同父同母妹妹。

明神宗萬曆二十一年癸巳（1593 年） 二十五歲

讀《太白集》。

《九籥前集》卷之十〈與甄三〉云：「某少癖山水，……及癸巳偶讀《太白集》，有『山水何曾稱人意』之句，嗟乎！此老亦爲山水所誤乎？」

六月初，遊江蘇句容、丹陽，作〈潤州夜自解〉。

《九籥前集》卷之十〈與薊一〉云：「癸巳六月初日，句容尹以四人舁涼輿，送至丹陽，風颿雲物，……」

《九籥前集詩》卷之四〈潤州夜自解〉云：「野店無人語，孤燈酒一尊，管絃迎絳節，鍾鼓定黃昏。」潤州在江蘇省丹陽縣。

六月初十日，登江蘇無錫西南方之惠山。

《九籥前集》卷之十〈與陸二〉云：「癸巳六月初十日，登惠山，……」

前往浙江杭州，作〈遊武林口號〉詩四首，經富春江畔，作〈過嚴灘弔子陵〉、〈嚴灘〉、〈七里灘〉，再至安徽新安。

《九籥續集》卷之十〈梟旌錄敘〉云：「余於癸巳抵新安，道經武林，……」新安在安徽歙縣，因新安江而得名，武林即杭州別稱。

《九籥前集詩》卷之四〈遊武林口號〉云：「白果繫高枝，班鳩理暇語，回頭

探青黃，索莫頻翻羽。」

《九籥前集詩》卷之四〈嚴灘〉，嚴灘在浙江桐廬富春江畔。

《九籥前集詩》卷之二〈過嚴灘弔子陵〉云：「……釣鉤免屈伸，魚餌得休息，譬彼擊壤人，終身忘帝力，弔橫有童心，……富春乃釣名，或高先生誼，……」

《九籥前集詩》卷之七〈七里灘〉，七里灘是嚴光垂釣處。

自安徽蕪湖至南京，作〈蕪城病後得劉七信〉。

《九籥前集》卷之十〈與商七〉云：「自蕪城至白門，高高下下，戰爭之地，其草不生，果然。」蕪城即安徽蕪湖，白門即南京。

《九籥前集詩》卷之四〈蕪城病後得劉七信〉。

七月，在南京，準備北上京師，並得觀彗星劃過天際之天文奇景。

《九籥前集》卷之七〈與袁非之書〉云：「迨及七月，不肖欲自白下入燕，遂攜時以往，道路往還，間關共之。」時指奴僕馮時。

《九籥集詩》卷之四〈雜興〉云：「癸巳秋彗掃紫微垂，色如白練，有星隕東溟，大如車輪。」

《明史》卷二十七〈天文三〉記載：「萬曆……二十一年七月乙卯，彗星見東井。」又《明史》卷二十〈神宗一〉記載：「萬曆……二十一年……秋七月……乙卯，彗星見，敕修省。八月丙戌，以災異敕戒內外諸臣修舉實政。」當時視彗星出現為災異象徵。

八月中秋，夜宿南京南方之牛首山求夢。

《九籥集》卷之一〈遊華陽洞天記〉云：「因憶壬辰之冬，值余外舅施吉甫先生闈遊，約以明年中秋為余禱夢於仙遊。至期，余宿牛首，焚香向月遙拜。」

《九籥前集》卷之十〈與蔣六〉云：「辛卯秋八月，登牛首浮屠，視右邊松七株，飛舞而下，極其沖致，癸巳八月重來，則已枯其三矣。」

九月，自南京北上，途經安徽滁州。

《九籥前集》卷之十〈與周二〉云：「癸巳秋九月，別自金陵抵滁州，經醉翁故道渡淮，瞻　高皇帝龍飛處。」醉翁指歐陽修，曾任滁州知州；高皇帝指明太祖朱元璋。

北上京師，入北京國子監，作〈自金陵抵燕留別家從兄〉、〈再遊長安〉、〈與周五〉、〈三營〉，與高承祚、劉玄度、劉曰寧、楊繼禮、張所望相交。

《九籥前集》卷之十〈與韓二〉云：「癸巳入京，至彭城無資，遂徒步入京，間跨生口從行，止一老蒼頭，復以忘物城中，至柳泉轉取，晚獨宿利國監，略無感慨。」利國監在今安徽銅山縣。

《九籥集》卷之七〈先妣張太孺人乞言狀〉云：「癸巳之秋，不肖復入北雍。」北雍為北京國子監。

《九籥前集詩》卷之三〈自金陵抵燕留別家從兄〉云：「此時一鞭行薊北，秋色秋聲莽相續，……秣陵歸路慰加餐，塞北天南好問安，……」

《九籥前集詩》卷之五〈再遊長安〉云：「夜投蘭若建慈航，夢起猶疑焚妙香，去日梅花辭上苑，來時柳色斷河梁。」

《九籥前集詩》卷之五〈與周五〉云：「碣石秋風紫塞寒，諸侯領卒護長安，不愁鳲鵲經營急，縱為熊羆版築寬。繡柱晝懸丁令月，飛霜夜拂錦征鞍，王師頻歲多征討，早晚旄頭倚劍看。」王師頻歲多征討，指去年有哱拜之役，今年有援朝禦倭之役。

《九籥前集詩》卷之七〈三營‧其二〉云：「夜半長安燈火明，傳呼買酒不停聲，袖穿箭禿弓衣破，賒卻三杯進大營。」

宋徵輿《林屋文稿》卷之十〈先考幼清府君行實〉云：「至都為太學生，然賢士大夫皆願與之游，最善者江右劉雲居、雲嶠兩先生，及同郡楊石廬、張叔翹諸公。會光廟及福藩出閣講學，……」皇長子、皇次子出閣講學，事見本譜明年。

陳子龍《安雅堂稿》卷十三〈宋幼清先生傳〉云：「北遊京師，為太學生，所交皆海內賢豪士。」

《九籥集》卷之九〈祭高元錫太史〉云：「不孝澄之以詞賦受知於先生，蓋甫束髮也，又十年而以文章受知於先生，不二年遊京師，乃獲交先生，始悉先生行誼，私心竊喜，為國家柱石慶。」十五歲束髮，二十四歲以文章受知，不二年則約為二十五至二十六歲，參照楙澄遊京師的時間為萬曆二十一年秋。

作詩〈哀華川痛亡卒也〉、〈胡無人懼將來也〉、〈天上謠不忘危也〉。

《九籥前集詩》卷之一〈哀華川痛亡卒也〉云：「去年西征帳下兒，直渡黃河

擒反虜，賞得添花忘困苦，旋移曲伍鳳皇城。……將軍奮勇三軍怯，親明隔絕華川頭，尸骸暴露驪果州，……釜山行長未全回，能保夷人去不來，再來復出平安道，老婦無兒喪荒草，鴨綠秋多轉餉難，鳳山春夏還軍好，……碧蹄若失李將軍，山海狼煙雜五雲，……」鳳凰城、華川、釜山、平安道、鳳山、碧蹄館均為朝鮮名稱。

《九籥前集詩》卷之一〈胡無人懼將來也〉云：「去年白旄賀蘭北，今年黃鉞混同東，父子諸昆人罕見，懸鵲聯蟬世所羨，……」

《九籥前集詩》卷之一〈天上謠不忘危也〉云：「去年胡兒孤山前，金釧粧弓玳瑁鞭，今年與夷開城戰，蔬飯將軍大宛蹇，……」

上列三詩均為出兵援救朝鮮而作，事件始末見本譜去年。據《明史》卷二十〈神宗一〉云：「萬曆……二十年……三月戊辰，寧夏致仕副總兵哱拜……據城反。……夏四月甲辰，總兵官李如松提督陝西討賊軍務。……五月，倭犯朝鮮，陷王京，……冬十月壬寅，李如松提督薊、遼、保定、山東軍務，充防海禦倭總兵官，救朝鮮。……二十一年春正月甲戌，李如松攻倭於平壤，克之。……壬午，李如松進攻王京，遇倭於碧蹄館，敗績。」去年出兵朝鮮初捷之後，有今年正月碧蹄館之役。「父子諸昆」指寧遠伯李成梁及其子如松、如柏、如楨、如樟、如梅兄弟，皆先後為總兵官；其餘諸子如梓、如梧、如桂、如楠亦皆至參將。

作〈東師野記〉，記明師援朝禦倭之役。

《九籥前集》卷之一〈東師野記〉云：「辛卯（萬曆十九年）秋，琉球相鄭週，遣使奏日本目下十吉次郎弒主自立，……至壬辰（萬曆二十年）春，果遣偽將平行、長僧、玄素等，帥師二十萬，號六十萬，夏破高麗兩京，及慶尚等六道，……冬合步騎四萬，　上命右司馬宋應昌經略燕齊，……十二月師渡鴨綠江，……（萬曆二十一年）夏我師疫，馬有歸音，……五月夷遂致王京，……六月夷疑約，……秋八月，師遂大還，劉綎將前軍鎮王京，領如松事，便宜全羅諸道，海上解嚴，右司馬上言本末，中外始悟夷退。」

《明史》卷二十〈神宗一〉云：「萬曆……二十一年……夏四月癸卯，倭棄王京遁。六月……癸卯，倭使小西飛請欵。秋七月癸丑，召援朝鮮諸邊鎮兵還。……十二月丙辰，薊遼總督顧養謙兼理朝鮮事，召宋應昌、李如松還。」

《明史》卷二百三十八〈李成梁〉亦載有此役。〈東師野記〉當作於萬曆二

十一年八月以後，十二月以前。時宋應昌屢遭非議，本文爲之申辯。

明神宗萬曆二十二年甲午（1594 年）　二十六歲

二月，以皇長子及皇次子出閣講學禮次無差等事，作〈上羅大宗伯暨　左右宗伯書〉，上書禮部尚書羅萬化。

上書內容見《九籥前集》卷之七〈上羅大宗伯暨　左右宗伯書〉。

《九籥集》卷之一〈順天府宴狀元記〉云：「余久居京師，當　皇太子初出閣就講，有故人爲講官，約余往觀，余恥衣青衣，與奴僕等辭之。」文中所指「故人」，可能指劉日寧、唐文獻或董其昌，若論交情最深，可能爲劉日寧。

《明史》卷二百十六〈劉日寧〉云：「劉日寧，字幼安，南昌人，萬曆十七年進士，改庶吉士，授編修。進右中允，直皇長子講幄。」劉日寧爲楙澄恩師。

《明史》卷二百二十六〈郭正域〉云：「郭正域，……選庶吉士，授編修，與修撰唐文獻同爲皇長子講官。」唐文獻與楙澄之交誼如楙澄所作〈祭唐宗伯文〉。

《明史》卷二百八十八〈董其昌〉云：「董其昌，字玄宰，松江華亭人。舉萬曆十七年進士，……遷授編修。皇長子出閣，充講官。」楙澄作〈珠樹樓近社序〉對董其昌多所推崇。

吳偉業《梅村家藏藁》卷弟四十七〈宋幼清墓誌銘〉云：「會光廟及福藩出閣講學，議者謂宜有等殺，廷爭之，勿能得。……乃即其牘，上宗伯羅公，書凡數百言，言甚剴切。神宗皇帝在宥四十餘年，士大夫所持國是，無如江陵奪情，光廟出講，一二大事，皆通國爭之。會暴有所摧折，士氣憂不振。公父子皆書生，先後游太學，持直節，發讜論，赫然名動京師。」

據《明史》卷一百十二〈七卿年表二〉記載，羅萬化自萬曆二十年十二月至萬曆二十二年九月之間，任禮部尚書。又據《明史》卷二十〈神宗一〉記載：「萬曆……二十二年……二月癸丑，皇長子洛出閣講學。」

姚希孟《松瘳集》卷之二〈書宋幼清事〉云：「幼清入成均時，吳門當國群臣紛紛論建儲事。光宗與福藩出閣講學，禮次並均，……幼清時氣方盛，亟草書上羅大宗伯，極言尊卑不可不辨，……。文既可觀，議又條達，見者皆驚，宗伯心是之。」

陳子龍《安雅堂稿》卷十三〈宋幼清先生傳〉云：「時　光考與　福王同出閤講學，禮數無所差等，時多爭之者。而先生亦上書大宗伯羅公，……娓娓凡數百言，書上，宗伯大驚。然時多忌之者，先生遂歸。」

作〈燕邸感夢七首悼亡婦〉。

《九籲前集詩》卷之四〈燕邸感夢七首悼亡婦・其二〉云：「故國三千里，離魂四五年，芙容猶不改，翡翠尚依然。」又〈燕邸感夢七首悼亡婦・其三〉云：「浪子多心事，關山誤日歸，生離花濕露，死別夢牽衣。寶匣明璫冷，紗窗翠草肥，春來杜鵑下，如睹子規飛。」楊氏亡於萬曆十八年，至萬曆二十二年恰爲五年。再從「浪子思歸」及「春來」，推測即作於今年。

春，以胃疾自京師歸里，作〈歸自燕中〉。

《九籲前集》卷之十〈與張大〉云：「至甲午病胃犯噎，乃慨然束經，病中追思往念，悉已成空，……」

《九籲集》卷之七〈先妣張太孺人乞言狀〉云：「甲午病而歸，……蓋不肖自甲午而後，已絕意人間，屢欲舉手與筆札爲盟曰：『不及黃泉，毋相見也。』」

《九籲集》卷之三〈上吏部白選君狀〉及〈再上吏部白選君狀〉作於楙澄二十九歲下第後，見本譜萬曆二十五年。徐朔方先生〈宋懋澄年譜〉以二狀推測楙澄今年不與秋試，當誤。

作〈與袁非之書〉。

《九籲前集》卷之七〈與袁非之書〉云：「……有馮承恩者，偕其子時入謁，……叩其履歷，則曰：『母昔任五兄家乳母，今謝歸矣。』……因以六金買時夫婦，……迨及七月，不肖欲自白下入燕，遂攜時以往，……及不肖以病歸燕，則復重之以勸賞，……會病日間，時父子既疑，就試之心行將復興，且盜意外之財，稍充自食，遂縱情於跳梁，肆志於跋扈，……遂以梟獍之心，搆成風影之事。」「自白下入燕」在萬曆二十一年，「以病歸燕」在二十二年春。袁非之爲楙澄好友袁微之兄。

途經山東德州苦水鋪，見盜賊首級高掛。

《瞻途紀聞》之〈苦水鋪〉云：「諺云：『苦水鋪，神仙留一度。』侈倚市也，……乙卯再經，不勝蕭索，非若庚寅甲午，猶是綏綏。」爲歸途中經過。

《瞻途紀聞》之〈嚮馬〉云：「余庚寅甲午猶見懸首柳間，今絕響矣。」嚮馬指山東盜賊。

作〈與金龍四大王乞便帆〉及〈謝大王允風書〉、〈寶應河舟碎戲舟中同行少婦〉。

《九籥前集》卷之十〈與金龍四大王乞便帆〉云：「某大王之里人也，奔走四方，其志無已，今病且倦，將歸江南為長者，既為長者，當作長者之辭，敢祈大王一帆之便，用沈玉以請。」本篇亦為自北京病歸之旅途中所作。

《九籥前集》卷之十〈謝大王允風書〉云：「夕請而晨便得風，一日而計里五百，敢不唧賜，但石觸船心，衣履都濕，意捉風人未達，大王意懊恨，宋生強語邪？敢以詩自解，……」本篇為因應〈與金龍四大王乞便帆〉之續作，應作於同時隔日。

《九籥前集詩》卷之七〈寶應河舟碎戲舟中同行少婦〉云：「千濤萬浪任風行，石碎船心了不驚，救苦觀音呼得應，月中忽起妙音聲。」

夏，遷居鄉間故里，作〈閒坐〉、〈歸自燕中〉。

《九籥前集》卷之十〈與王大〉云：「甲午夏已遷家故里，……」

《九籥前集》卷之六〈殤兒恊虎誌銘〉云：「兒本城生，五歲隨父遷於鄉，意極慕城，……」恊虎生於萬曆十八年，今年五歲。

《九籥前集詩》卷之七〈閒坐〉云：「葛巾蔬飯病相傳，顛沛千端亦偶然，四海太平無個事，竹窗閒坐補遺編。」

《九籥前集詩》卷之七〈歸自燕中〉云：「近事紛紛不忍聞，懶將怨語入詩文，春風買得歸來棹，萬里青山幾段雲。」

作〈壽曹君六十序〉。

《九籥前集》卷之二〈壽曹君六十序〉云：「甲午春，余病還燕中，則不及稱觴矣。村居多暇，見曹君輒以為恨，乃笑曰：『子四方之士也，何拘拘早晚邪？』……」

作〈言動說〉。

《九籥前集》卷之八〈言動說〉云：「江南生所居卑濕僻陋，晝則啼鴉，夜則啼鼠，蛇蝮蜈蚣時出沒溝檻，……」文中自稱江南生，當為居江南時所作。

《九籥前集》卷之八〈貍說前〉云：「甲午自華亭徙居村落，遺一貍而去，……」作〈與褚二〉。

《九籥前集》卷之十〈與褚二〉云：「少年善飲，每致宣揚壯氣，二十五已來，恐其露志傷生，稍稍節飲，濡首攢眉，動肖女子。二十六來，頗有微會，復徐開此興，因書之以見己之不如元亮。」元亮指陶淵明，本篇當作於二十六歲時。

七月，送堂兄茂益赴試，作〈送家二兄就試秣陵〉，楙澄今年不與秋試。

《九籥前集詩》卷之三〈送家二兄就試秣陵〉云：「秋風七月多商聲，起視星辰從且橫，……自從一別參辰分，燕市歸來桃李新，……小弟村居貧且賤，聊向來鴻歌宛轉，平陰之役讓先鳴，于珂之盟恢三戰。」家二兄指堂兄宋茂益。從「燕市歸來」及「小弟村居」知本篇作於萬曆二十二年。秋試之年，送茂益赴試，又言「平陰之役讓先鳴」，顯然楙澄今年不與秋試。

作〈送洪二北上〉。

《九籥前集詩》卷之三〈送洪二北上〉云：「丈夫無所志，所志在功名，丈夫無所恥，所恥在無成。少年百事了無預，獨守青衫髮如許，……一朝振翼青雲中，火雲雜婭旌旗紅，……」

《〔崇禎〕松江府志》卷之三十四〈選舉〉萬曆二十三年乙未科「洪都」條云：「子崖，歷任台州知府。」清光緒五年刊本《青浦縣志》卷十九〈人物三〉「洪都」條云：「洪都，字九淵，號紫崖，歙縣人，青浦籍，萬曆二十三年進士。」洪都明年中進士，推測楙澄今多送其北上，進京趕考。

明神宗萬曆二十三年乙未（1595 年）　二十七歲

作〈與酒人〉。

《九籥前集》卷之十〈與酒人〉云：「痛飲可以全神，年來胃不受酒，覺思慮之煩。」因甲午病胃犯噎，又謂年來胃不受酒，故本篇當作於萬曆二十三年。

作〈與昌一〉。

《九籥前集》卷之十〈與昌一〉云：「自去年已來，萬事了不動心，惟見美人，不能無嘆。」因甲午以後絕意人間，故本篇當作於萬曆二十三年。

作〈戲兒〉。

《九籥集詩》卷之四〈戲兒〉云：「六歲小兒樂事多，笑拂綵衣行且歌，眼看桃李未得熟，生憎日月不如梭。」長子協虎今年六歲。

四月，道經姑蘇，作〈聽吳歌記〉。

《九籥前集》卷之一〈聽吳歌記〉云：「乙未孟夏，返道姑胥，蒼頭七八輩皆善吳歌，因以酒誘之，迭歌五六百首。……豈非天地之元聲，匹夫匹婦所與能者乎？時手《太白樂府》，不覺墮地。」

五月，入華亭。六月，長子協虎殤，年僅六歲，作〈殤兒協虎誌銘〉、〈亡兒虎〉。

《九籥前集》卷之六〈殤兒協虎誌銘〉云：「生自庚寅，至今乙未，蓋六年矣。夏五月終，澄因事入華亭，兒遲回，欲語出入數四，余不之解，更二日，母嚴使責澄歸，歸則兒已不能言，……」

《九籥集》卷之七〈先妣張太孺人乞言狀〉云：「至乙未而虎兒死，母所鍾愛者也。」

《九籥集》卷之九〈燕中祭　先府君文〉云：「新婦楊氏當庚寅之歲生子虎兒，婦因產而亡，亡六年而虎兒殤。」庚寅為萬曆十八年。

《九籥集詩》卷之二〈亡兒虎〉云：「六年無定力，此日若為情，有眼能禁淚，闌干任月明。」

作〈貍說前〉。

《九籥前集》卷之八〈貍說前〉云：「甲午自華亭徙居村落，遺一貍而去，及再入城，則已就食鄰家，……」再入城指今年再入華亭。

豪興一發，常與好友顧思之把酒言歡。閉門為詩、古文及稗官家言。

《九籥集》卷之五〈顧思之傳〉云：「當乙未丙申之交，余遭陽九，而豪興未除，居嘗與思之痛飲於庭前椿樹下，一呼輒盡六七十卮，然余竟不能敵思之，往往堅壁以待，……」

宋徵輿《林屋文稿》卷之十〈先考幼清府君行實〉云：「時同郡顧君思之、于君馭先酒徒也，府君善是二人無間，顧君尤豪誕，嘗飲郊外，取髑髏為觴行酒，已則相與刺臂，血瀝而埋之，醉則歌呼而歸，是時縉紳先生以淳謹相尚，疾思之等如仇，而府君與焉，縉紳中不能無不肖，畏議及則先騰謗，冀

以兩解，由是口語籍籍，府君慨然曰：『世且棄我矣。』徙居村墟，日閉門為詩、古文及稗官家言，尤喜為稗，慨不快意多寄焉。」

作文言短篇小說〈珠衫〉。

《九籥前集》卷之十一〈珠衫〉結尾云：「或曰：『新安人客粵遭盜劫盡，負債不得還，愁忿病劇，乃召其妻至粵就家，妻至，會夫已物故。』楚人所置後室，即新安人妻也。廢人曰：『若此則天道太近，世無非理人矣。』」《九籥前集》所收詩文有年代可考者以此年為最後，且是年楙澄居村，「日閉門為詩、古文及稗官家言」，故推測〈珠衫〉作於今年。徐朔方先生〈宋懋澄年譜（續）〉認為「廢人」乃作者自署，經查楙澄好友錢希言所撰《松樞十九山・聽瀾志》上、下二篇，篇名下均署名「廢人錢希言簡栖氏譔」，則廢人當為錢希言用以自稱，非為宋楙澄用以自居。尤有甚者，錢希言乃〈九籥集敘〉之作者，錢君亦好為小說，兩人交情匪淺，又喜好相同，故楙澄於篇末引用錢君之語，亦不足怪。

〈珠衫〉即馮夢龍《古今小說》第一卷〈蔣興哥重會珍珠衫〉之前身。楙澄堂侄宋存標《情種》卷四收錄〈珠衫〉，篇末自評云：「此新〈珠衫〉也，坊間有舊刻，得此後來居上。」詹詹外史編《情史》卷十六所載〈珍珠衫〉篇末云：「九籥生曰：『若此則天道太近，世無非理人矣。』」九籥生指宋楙澄，所引九籥生語亦與宋楙澄〈珠衫〉篇末之評議完全相同，則此篇採自宋楙澄《九籥前集》卷之十一〈珠衫〉無疑，惟文字有些許差異。《情史》卷十六〈珍珠衫〉篇末亦云：「小說有〈珍珠衫記〉，姓名俱未的。」跋云：「夫不負婦而婦負夫，故婦雖出不怨，而卒能脫其重罪，所以酬夫者亦至矣，雖降為側室，所甘心焉。十六箱去而復返，令之義俠，有足多者。嫗之狡，商之淫，種種足以誡世，惜不得真姓名。」則故事情節當就真人真事敷衍而成。

楙澄長女阿寶或生於萬曆二十三年。

《九籥集》卷之九〈燕中祭　先府君文〉云：「壬辰繼室於吳之施氏，生女阿寶，今七周矣。」〈燕中祭　先府君文〉或作於萬曆二十九年冬，據此前推七年，則阿寶當生於萬曆二十三年。

明神宗萬曆二十四年丙申（1596 年）　二十八歲

作〈狸說下〉。

《九籥前集》卷之八〈狸說下〉云：「又一年而狸歸，死於吾室，……」參本

譜去年。

好友焦周來訪，盤桓累月，作〈送焦三〉。

《九籥續集》卷之八〈祭焦茂潛〉云：「當是時，不肖好言 國家事，往往上書執政，而茂潛以藏輝非之，無幾何時，而余以病出都門，越明年，茂潛遊三吳，盤桓累月別去，嗣後不通寒暄者數年。」懋澄好言國家事、作〈上羅大宗伯暨 左右宗伯書〉上書執政、病出都門諸事，見本譜萬曆二十二年，「越明年」茂潛來訪，則為萬曆二十四年。

陳作霖等纂《金陵通傳》卷十九〈焦朱余顧傳第八十七〉云：「（焦）竑字弱侯，……竑子尊生，字茂直，……。尊生弟周，字茂潛，事父孝，舉萬曆三十一年鄉試，博洽好古，不干仕進，著有《說楛》七卷。周弟潤生，潤生字茂慈，號隨園。」

《九籥集詩》卷之二〈送焦三〉：「君行吳復越，夷險聽長年，疏螢飄野岸，遠水瀉平田。雨迷三竺月，柳護六橋烟，此中近滄海，禹穴亦相連。」

秋，游江蘇鎮江、真州。

《九籥集》卷之一〈白毫光記〉云：「淹逾丙申，謁師於金山，頓知揣逆之非。」金山在江蘇鎮江附近。

《九籥集》卷之一〈日本刀記〉云：「丙申秋日，侍師於真州公署，時余年二十八矣，猶有不羈之思，從師乞日本長刀一口，……」所謂「不羈之思」，猶如嘉慶《松江府志》卷五十五〈古今人傳七〉「宋懋澄」條所云：「喜交游，慕古烈士風，私習兵法，散財結客，欲建不世功。」真州在今江蘇省儀徵市。

十月，客居蘇州，初交錢希言。

《九籥集詩》卷之四〈白氏第五女郎長齋十二絕句〉有序云：「丙申孟冬偶客吳下，乘閒訪白氏，則七已從人，五亦長齋四年矣。從人者勿論，獨感五生之於王五，申以盟誓，重以要言，而卒有中路之悲，豈李郎乏黃衫交，文君吝白頭吟乎？又吾聞二生藏凌錦衣金屋，幾二年而復出，則修齋誦經，未必非感慨於兩公子之離合也。」參看本譜萬曆二十年。凌錦衣，乃南京兵部侍郎兼右副都御史凌雲翼之子凌元超，據《太倉州志》卷十八〈凌雲翼〉記載：「凌雲翼，名汝成，以字行，嘉靖二十六年進士，……（萬曆）六年，……

召爲南京工部尙書，改兵部兼右副都御史，總督漕運，巡撫淮揚，兼督河道加太子少保，以病歸，卒。子元超襲錦衣衛副千戶，累遷指揮使，掌衛事。」《九籥集》錢希言〈九籥集敘〉云：「余素聞奇節，一日解后吳趨市傍，把臂驪相得，轉盼之間，歷十二年如一日也。」本序作於萬曆三十六年，逆推十二年，即爲兩人初識之萬曆二十四年。

十一月二十六日，堂叔父堯武以脾疾卒，享年六十五歲。

時堯武以滇南參知乞休在籍。《九籥集》卷之七〈叔父參知季鷹公行略〉云：「詎意以脾疾不起，時丙申十一月二十六日也。」又云：「公生嘉靖壬寅十一月二十一日，享年六十有五。」壬寅爲嘉靖二十一年（1542 年），如是則享年五十五。壬寅應爲壬辰（嘉靖十一年，1532 年），如是則享年六十五。徐朔方先生〈宋懋澄年譜（續）〉誤植壬辰爲一五三三年，則之後「享年六十四」亦誤。

陸樹聲《陸文定公集》卷之六〈中大夫雲南布政使司右參政遜菴宋公暨配贈宜人張氏顧氏合葬墓誌銘〉云：「公生嘉靖壬辰某月日，卒萬曆丙申某月日，享年六十有五。」

十二月初六日，夢入深山，獲授丹藥，作〈夢受大丹記〉。

《九籥集》卷之一〈夢受大丹記〉云：「余自辛卯，粗聞宗旨，往來得失之間。丙申秋，始因我師發明心印，若所謂神仙者，復絕意六七年矣。季冬初六夜，夢入深山，……有一先生出，捧藥數斗，留其半，以半畀余，……余爲請益，先生復掬藥益合，許更以一囊相授，余稽首而起，則身在枕上矣。」

《九籥集》卷之九〈祭王逸季文〉云：「余與足下歲時同也，無子同也，多病同也，足下之夢入果位，與不肖之受藥金仙，則又同於丙申之冬也。」陳繼儒《陳眉公集》卷之十七〈祭王逸季〉云：「嗚呼痛哉！余憶弱冠，游于瑯琊，兄髮覆額，卓爾名家，文采爛然，垂雲聚霞，覺我形穢，玉樹兼葭，國士見推，謬得阻伯，阻伯許可，兄亦動色，從此漸敦，……何期壯年，妖夢忽及，余方病瘧，莫獲問疾，臥聞兄訃，驚動心骨，雪涕漣漣，濕枕沾席。……十年以內，既失仲趾，復奪孟孺，落落辰星，交游漸替，今復哭兄，逸季已矣，人生幾何，殫此血淚，嗚呼哀哉！」王逸季非卒於今年。

明神宗萬曆二十五年丁酉（1597年） 二十九歲

旅居京師，秋試失利，旋即南歸，作〈上吏部白選君狀〉、〈再上吏部白選君狀〉。

《九籥集》卷之一〈白毫光記〉云：「丁酉旅燕，偶於病中能隨風過去，及下第南歸，已絕意世網。」

《九籥集》卷之九〈南還奉　先府君神主登舟祭文〉云：「某碌碌人間幾二十年，丁酉力疾就文戰，不俟效北，先謝引於選司白君而歸，白君詫其事，畀引友人，使貽於澄，雖因循受之，然已絕意人間矣。」

《九籥集》卷之三〈上吏部白選君狀〉云：「呈爲懇恩除名以全養志事……，年將三十，……體有懷於明發，慨然收引，特允除名，庶見獵而不生喜心，歡魚而無從結網，……惟素幃以菽水承歡，故斑衣以征裘爲累，更祈准呈附卷給照還家，既善始而善終，亦進禮而退義，使從庶民之列，……」；同卷〈再上吏部白選君狀〉云：「呈爲再懇除名批照還籍事，……向仁臺以籲愫，無非隱豹之心，懇收引以除名，不作羝羊之觸，蓋辭縫腋而訟言於廣眾，則南轅之妄念頓除，乞印批而終老於故鄉，則北堂之溺愛可慰，豈復懷青雲之念？……況呈詞既出，已遍語於親知，文引告還，更何顏而請給，……」丁酉爲萬曆二十五年，時二十九歲，與「年將三十」相合，則〈上吏部白選君狀〉乃謝引於選司白君而作，〈再上吏部白選君狀〉乃再次謝引而作，二狀均作於楙澄二十九歲秋試失利後。

秋，叔父堯明抵杭州，拜謁陸履素先生，因患痢疾返鄉，十一月十三日病卒，享年六十六歲。

據《九籥集》卷之五〈叔父安遠令憲卿君本傳〉云：「丁酉秋抵武林，謁鹽官大夫履素陸公，陸修年誼甚殷，會痢返自故鄉，於仲冬十有三日長逝，嗚呼痛哉！」《九籥集》卷之九有〈祭叔父憲卿公文〉。

有關宋堯明生年，據《九籥集》卷之五〈叔父安遠令憲卿君本傳〉所載：「三十爲撻掖，又三年，甲子舉於鄉，……」，則於三十三歲時中甲子科鄉舉。查嘉慶《松江府志》卷五十三〈古今人傳五〉「宋堯明」條云：「嘉靖四十三年舉人」，據此逆推，得知其生於明世宗嘉靖三十一年（1532年）。

明神宗萬曆二十六年戊戌（1598 年）　三十歲

二月，客居蘇州，作〈雜興〉詩三十首。

> 《九籥集詩》卷之四〈雜興〉有序云：「戊戌仲春，住吳郡桃花塢，風雨經旬，留滯蘭若，憶昔年上下群山，作〈雜興〉詩三十首。」第六首自注：「時余已謝謁銓部。」第二十九首自注：「將遷居吳門。」「謝謁銓部」，銓部指吏部，事見本譜萬曆二十五年。

> 懋澄留心軍事，第一首自注：「時東征報捷。」第十首自注：「牡丹峰乃昔年越兵破島夷處，地在朝鮮。」第二十一首自注：「時東征者眾。」第二十二首自注：「鳳凰城亦朝鮮地。」以上皆萬曆二十、二十一年間東征戰事。第一首詩云：「山清雲淨月彎弓，擬射長鯨滄海東，鵲印不交春草夢，燭飛花影玉缸紅。」第十首詩云：「榆關征馬幾時迴，月白霜寒入夢來，最憶越中諸將士，牡丹峰上陣雲開。」第二十二首詩云：「千隊吳兒赴戰場，短刀犀革綠沈鎗，依依楊柳離江北，雨雪霏霏度鳳凰。」誠如嘉慶《松江府志》卷五十五〈古今人傳七〉「宋懋澄」條所云：「私習兵法，散財結客，欲建不世功。」雖云絕意人間，但仍時時關心時事，其內心的矛盾，可想而知。

二哥懋淡卒，享年四十三歲。

> 《九籥集》卷之一〈白毫光記〉云：「丁酉旅燕，⋯⋯未期年而遭先兄之喪，爲時勢所驅，至有燕京之役。」

> 《九籥集》卷之七〈先兄澄甫君行狀〉云：「生於嘉靖丙辰，卒於萬曆戊戌，享年四十有三。」丙辰爲世宗嘉靖三十五年（1556 年）。懋淡屢試不第，以諸生終。澄，又作淡，懋淡與懋澄爲同父異母兄弟。

> 《大泌山房集》卷之一百二〈貞節宋母張孺人墓志銘〉云：「子二人，長即懋淡，先孺人三年卒。」張氏卒年見本譜萬曆二十九年。

將父兄歸葬祖先宗廟之左右。

> 《九籥集》卷之九〈燕中祭　先府君文〉云：「及兄淡亡於戊戌，澄遷父柩而殯諸王父之昭位，兄淡寔侍穆焉。」

作〈壽大宗伯平翁陸公九十序〉。

> 《九籥集》卷之二〈壽大宗伯平翁陸公九十序〉云：「懋澄父叔然爲公門下士，

又姻親也，例宜賀。」陸樹聲，字與吉，號平泉，松江華亭人，官禮部尚書。《明史》卷二百十六〈陸樹聲〉記載：「樹聲年九十七卒。贈太子太保，諡文定。」另何三畏《雲間志略》卷之十三〈陸文定平泉公傳〉亦有傳。

李延昰《南吳舊話錄》卷八〈恬退〉「陸文定公」條云：「丁酉陸平翁八十有九，……」丁酉爲萬曆二十五年，陸樹聲八十九歲，則九十歲時爲萬曆二十六年。

沈德符《野獲編》卷十三〈辛丑二宗伯〉云：「嘉靖辛丑科詞林二宗伯，一爲烏程董潯陽汾，一爲華亭陸平泉樹聲，……又三年戊戌，陸登九十。上遣中書柴大履存問於家。時申（時行）王（錫爵）兩公俱以首揆居里，同執羔雁往賀，修後進禮，隅坐屏息以侍。觀者榮之。」又據談遷《國榷・萬曆二十六年三月》云：「存問前禮部尚書陸樹聲。」

《九籥集》卷之六〈先府君本傳〉云：「復從陸大宗伯（陸樹聲）、龔黃門（龔愷）受經書義，因交董茂才□□、陸大中丞與成（陸樹德）、范奉常于公（范惟一）、陸太學孝思（陸雲谷），砥礪德業，維古人之風。」

李維楨《大泌山房集》卷之一百二〈貞節宋母張孺人墓誌銘〉云：「孺人女二，一爲諸生陸懋繩婦，一殤。」據《〔崇禎〕松江府志》卷三十四〈鄉舉〉「萬曆元年癸酉科　陸懋繩」條記載：「元覺，辛丑樹聲從孫，改名懋修，新城知縣，終金華府推官。」

陸樹聲《陸文定公集》卷之六〈中大夫雲南布政使司右參政遜菴宋公暨配贈宜人張氏顧氏合葬墓誌銘〉云：「女六人，長適……，次適……，次適……，次受予孫景元聘，……」則楙澄堂叔父宋堯武四女受聘於陸樹聲之孫陸景元。

平翁陸公指陸樹聲，爲楙澄父親宋堯俞之受業恩師，陸公之弟陸樹德，亦爲堯俞至交，楙澄姊適陸懋繩，爲陸樹聲之姪孫，楙澄堂叔父宋堯武之四女，則與陸樹聲之孫陸景元婚配，顯然陸、宋兩世家交誼深厚。

受明初前七子李夢陽、何景明等人所倡「文必秦漢，詩必盛唐」觀念影響，三十歲以前非唐人詩不讀。

《九籥集》卷之一〈悔讀古書記〉云：「其於詩，則三十內非唐人未與眉睫遇也。至三十外，老於世途，精神業已銷亡，而始悔株守之非，則無及於時日矣。」

因母親張氏督促,晉京,為太學生,以繼承父親遺志,並折節為儒,致力於科考,作〈與焦三〉、〈與皇甫七〉及〈遊子吟〉。

　　宋徵輿《林屋文稿》卷之十〈先考幼清府君行實〉云:「他日侍母太夫人張孺人,孺人從容言:『若父壯遊不返,齎志以歿,汝齒壯而足不出戶,非肖子也。盍往京師,無忘若父所志矣。』先君俛首流涕,即日離家,時年三十矣,始折節,事制舉藝,挾柔翰,跨匹衛,北將渡黃河,投片紙于河伯曰:『非不得已,勿渡也。』畢渡與友人書曰:『我性畏風波,縣胸中無此。』因賦〈游子吟〉」。

　　陳子龍《安雅堂稿》卷十三〈宋幼清先生傳〉云:「年三十餘,始折節為儒,北遊京師,為太學生,所交皆海內賢豪士。」

　　《九籥前集》卷之十〈與焦三〉云:「歸日過黃河,投片紙於河伯曰:『非不得已勿渡也。』」同卷〈與皇甫七〉云:「吾畏見風波,由胸中無此。」《九籥前集詩》卷之二〈遊子吟〉云:「浮雲天漢湄,遊子河梁隅,思心依親人,彷彿還故廬。俛仰岐路間,舟楫無前期,淚從中懷來,聲氣安可追。……」

三十歲,期許自己有一番作為。

　　《九籥前集詩》卷之二〈詠史‧其二〉詩云:「三十將有為,狐鼠徒凶凶。」

明神宗萬曆二十七年己亥（1599 年）　三十一歲

為母親張氏節行將上報朝廷事,南還省母,遭母親斥責。

　　《九籥集》卷之七〈先妣張太孺人乞言狀〉云:「孺人以己亥舉節行于里,按使者豫章　劉公,暨大梁　徐公、嶺南　何公累行顏閭之典,母輒涕泣曰:『當爾父既亡,我豈為名而固微守哉!此婦人之常,何足屢瀆上聽。』」己亥為萬曆二十七年。

　　宋徵輿《林屋文稿》卷之十〈先考幼清府君行實〉云:「適直指使者將以張太夫人貞節聞于朝,府君因南還省母,擬建旌節坊,而太夫人更不快曰:『我向語若,云何而遽歸也?』府君遂復北上,居歲餘,張太夫人卒,……」張氏卒於萬曆二十九年。

　　李維楨《大泌山房集》卷之一百二〈貞節宋母張孺人墓志銘〉云:「當五十時,宋之宗老秋塘君以下若而人,期功之戚溟鶴君以下若而人,昆仲之屬賓

之以下若而人，郡邑博士弟子鄉三老若而人，以孺人節聞于直指，而孺人辭：『未亡人何忍以先君子取名？』蓋沒十三年而始旌。」直指爲奉派出巡或至各地處理政事的官員。

《九籥集》卷之九〈祭唐宗伯文〉云：「……先生獨識之驪黃牝牡之外，賞其文而與其人，爲之伸先慈之微節，……」唐宗伯指唐文獻，餘見本譜萬曆三十三年。

錢希言《松樞十九山・織里草》之〈宋母張太君節行篇〉，題下有序云：「爲叔意賦。」其內容述及：「公族元稱宋，名家但數張，……黛眉纔想月，蓬鬢又驚霜，已竝龍憐老，堪將翟素方，壺儀眞肅肅，輿頌亦洋洋，使者聊彰勸，　王言待激揚，……」

七月十日，攜婦施氏前往北京，與沈時來、楊繼禮交好。

《九籥集》卷之二〈積雪館手錄序〉云：「己亥之秋爲明年文戰計，時未有兒，遂攜婦北上，而老母守先人丘墓，義不遠行。」

《九籥集》卷之七〈先姙張太孺人乞言狀〉云：「至是遭家多難，議復遊燕，而先慈志屬首丘，義不遠涉，第以宗嗣爲念，欲攜婦而與俱，孺人閔婦無子，聽婦就道。友人錢簡栖〈題詩贈別〉有曰：『攜家仍是累，留母不俱征。』蓋諷余也。」錢希言《松樞十九山・荊南集》卷上〈宋三叔意移家薊門余方入楚贈別二十四韻〉詩云：「世道紛紜日，愁君復遠行，挈家仍是累，留母不俱征。」

錢希言《松樞十九山・西浮籍》卷上〈游荊南記〉云：「己亥……爲荊南遊，……秋七夕乃治裝，卜以十三日發，……陰令人物色宋生叔意行李，則三日前已行，先是叔意亦以鵲橋後移家北上，應明年京兆試，期僕於浮玉山前共看滿月而別，僕行稍後，計不及待耳，伯勞飛燕爲之悵然。」

《九籥集》卷之九〈南還奉　先府君神主登舟祭文〉云：「會兄淡初逝，遭家多難，遂挈妻孥而北，致母氏之亡，不獲視含殮，……」懋淡亡於去年。

《九籥集》卷之四〈薦沈楊兩公疏文〉云：「今　上己亥復客燕中，受知於沈侍御、楊宮諭兩公，結文酒之交，締忘年之好，……」

何三畏《雲間志略》卷之廿二〈楊宮諭石閭公傳〉云：「楊繼禮，字彥履，號石閭，華亭之漕涇里人。……壬辰成進士。」又《雲間志略》卷之廿三〈沈

侍御石樓公傳〉云：「沈時來，字君大，號石樓，華亭人。……壬辰舉進士，
授行人司行人。」沈、楊二人俱爲萬曆二十年進士。

明神宗萬曆二十八年庚子（1600 年） 三十二歲

留寓京師，秋試不利，阮囊羞澀，一心向佛。作〈下第別友人〉二首。

《九籥集》卷之七〈先姚張太孺人乞言狀〉云：「客燕幾年，庚子復下第，因
循經月，水將涸矣，就留燕中。」

《九籥集》卷之二〈積雪館手錄序〉云：「迨庚子文弗式，斥於當事，秋風蕭
瑟，囊金無以治歸裝，而此面又不可向人，且水將涸矣。」

《九籥集》卷之一〈白毫光記〉云：「庚子下第，留燕，慨然跪誦　《華嚴》　《法
華》兩經，……」

《九籥集詩》卷之二〈下第別友人〉云：「努力良不易，相期徑寸心，校書同
夜月，懸髮想朋簪。」

秋，遊北京香山。

《九籥集》卷之一〈遊燕北　祖陵記〉云：「因憶庚子秋，曾從香山踰嶺而
南，有番相寺，折而東，多茂林、泉石可討，……」香山在北京。南，不
指南歸。

九月初九重陽節，作〈九日同友人登興德寺觀空臺有懷故園〉。

《九籥集詩》卷之二〈九日同友人登興德寺觀空臺有懷故園〉云：「臺樹空諸
相，無緣指故廬，朔雲深度鴈，秋水靜藏魚。」

冬，前往北京鷲峰寺瞻禮旃檀佛，作〈負情儂傳〉前半部。

《九籥續集》卷之四〈募鑄旃檀佛并滲金疏〉云：「旃檀佛供燕京鷲峰寺，楙
澄自庚子冬瞻禮以來，見金寫數十像矣，卒未有一肖廬山黃龍寺，……」

《九籥集》卷之五〈負情儂傳〉結尾云：「宋幼清曰：余自庚子秋聞其事於友
人，歲暮多暇，援筆敘事，至『妝畢而天已就曙矣』。時夜將分，困憊就寢，
夢被髮而其音婦人者，謂余曰：『妾自恨不識人，羞令人間知有此事，近幸
冥司見憐，令妾稍司風波，間豫人間禍福，若郎君爲妾傳奇，妾將使君病作。』
明日果然，幾十日而間，因棄置篋中。」餘見本譜萬曆三十五年。

明神宗萬曆二十九年辛丑（1601 年）　三十三歲

三月初，於京師完成跪踊《法界品》心願，親身體驗佛之聖光，作〈白毫光記〉。

> 《九籥集》卷之一〈白毫光記〉云：「庚子下第，留燕，慨然跪誦　《華嚴》
> 《法華》兩經，……至三月初二而《法界品》畢，是夜漏三鼓矣，見窗
> 上光明如月，……已而就寢，覺復如初。尋夢妻病危，身至佛前，稱我佛
> 慈悲者三，號呼而覺。復夢延十二禪德誦《華嚴經》，而道友堅林預焉。
> 迨天就明，復見壁上白光如練，……閃閃流動，食頃乃散。……少間，而
> 堅林果至，迄初四，禮誦既畢，感佛大恩，遂發永願，……。」

春，施氏有孕。夏，單騎南下省母。秋，旋復北還，施氏因病流產。冬，
母卒。

> 《九籥集》卷之七〈先妣張太孺人乞言狀〉云：「庚子復下第，……就留燕
> 中。明年而婦娠，遂單騎歸省，孺人悽惻命澄，吾嘗語而曰：「爾父蚤喪，
> 是天之無意於爾也，少不力學，是爾無志於顯親也。今以多難多病之身，
> 年三十而一無所成，事可知矣，況汝當甲午以來，每欲焚呵筆硯，今更碌
> 碌馬蹄間，何前後矛盾耶！身將隱矣，焉用文爲？爾其速歸，小心以塞非
> 賣，箝口以杜禍門，爲鄉黨善人足矣。」不肖辭以明年攜婦南還，母黯焉
> 出涕而別。」

> 《九籥集》卷之二〈積雪館手錄序〉云：「迨庚子文弗式，……及春而婦妊，
> 遂不克謀歸，雖單騎歸省，不幾月復抵燕市，婦竟緣病墮娠，乃天不憗遺老
> 母，遂於是冬謝世。聞訃之後，悔恨欲顚，行止如夢，至犬吠雞鳴，皆勝我
> 之有生，而求死勿可，藉諸先生力，獲出都門，懜然若昏暗中行。」

夏天南歸省母途中，作〈千金報漂母論〉、〈淮陰道中〉，又作《南雲小言》
詩一卷、〈廣陵早發〉、〈月中宿邵伯〉三首。

> 《九籥續集》卷之二〈金姬堰東失石硯記〉云：「辛丑夏自燕中南歸省母，飯
> 於阜城，出硯記事，迨夜始知失去，……。至秋北上，復飯是肆，則研已列
> 市中求售矣，奴喜持研道故，出數十錢償之，相驚嘆以爲大異，由此相隨益
> 密。」

> 《九籥集》卷之三〈千金報漂母論〉有序云：「辛丑夏，淮陰城謁漂母祠作。」

淮陰在江蘇省淮安縣西北。此指南下。

《九籥集詩》卷之二〈淮陰道中〉云：「走馬淮陰月，隄荒水氣籠，……」

《九籥集》卷之二〈南雲小言序〉云：「檢笥中有《南雲小言》一卷，乃辛丑歸省道中作也。惜其為絕筆之詞，……。」

《九籥集詩》卷之二〈廣陵早發〉，廣陵在江蘇江都附近，此指南下。

《九籥集詩》卷之二〈月中宿邵伯〉云：「趨程忘日暮，疲驛枕荒郊，……」又〈月中宿邵伯・其三〉云：「……江南近如許，差可傲鳩巢。」

五月，作詩〈送高太史奉　使藩藩歸省〉。

《九籥集詩》卷之四〈送高太史奉　使藩藩歸省〉云：「別去菖陽爭捧劍，歸時蓮子半成房。」嘉慶《松江府志》卷五十四〈古今人傳六〉「高承祚」條云：「高承祚，字元錫，華亭人。……萬曆……二十八年授檢討，明年分考會試，奉使冊封藩王，……」馮夢禎《快雪堂集》卷之十一〈翰林院檢討鶴城高公泊配楊孺人墓志銘〉云：「公姓高氏，諱承祚，字元錫，鶴城其別號，華亭人。……辛丑二月，分校禮闈，稱得士。五月冊封藩王，公為正使，歸壽太孺人于堂下。」

六月，作〈葛成謠〉五首。

《九籥續集》卷之三〈葛道人傳〉有序云：「當吳民擊黃建節時，懋澄適觀母南還，聞葛道人倡義，壯其事，賦〈葛成謠〉四章。」《九籥集詩》卷之一有〈葛成謠〉樂府五首。錢謙益《牧齋初學集》第十卷「崇禎詩集六」〈葛將軍歌〉有序云：「吳人葛誠，以蕉扇招市人殺稅監參隨，吳人義之，呼為葛將軍。誠未死時，江淮間舟舡賽祭之，輒有驗。」

清光緒九年刊本《蘇州府志》卷一百四十七〈雜記四〉云：「萬曆二十九年六月三日，蘇州民擊殺稅監參隨，越八日，崑山人葛成詣府，祖兩肩揮蕉扇前揖守，自道姓名，乞實獄而釋餘人勿問。守驚愕，聞之上官，以成具獄。奏然起事，時成尚在崑山，聞變始偕其兄來郡城，值官司索主者急，挺身出應兵，使者鞫之予杖幾死，吳民感其義，無不流涕，稱為葛將軍。先是織造太監孫隆，自杭至蘇約有司議覈五關漏稅，其參隨黃建節者，與吳中無賴湯莘、徐成等通賄，嗾隆令民間一杼月稅三錢，又委莘等二十二人，分據六門水陸孔道攫商貨，郡紳丁某陰給莘等貲，市奇貨媚奄，及眾斃建節，莘、成

等遂逼隆署，隆越牆走，匿民舍免，丁之宅亦燬焉。太學張獻翼爲文，率士民生祭成，又貽書於丁及當事蘄寬成，或作《蕉扇記》新劇譏丁，丁疑出，獻翼夜遣盜入其室刺殺之，沈盜以滅口。成繫獄十餘年，四十一年，巡按御史房可壯爲之請，竟得釋，吳人諱成名，改曰賢，松江陳徵士繼儒字之曰餘生，其後居顏佩韋等五人墓旁以死。」

談遷《國榷‧辛丑萬曆二十九年》云：「六月……己巳，司禮監太監孫隆採稅浙直，駐蘇州激變，市人殺其參隨黃建節等數人，撫按詰亂民，葛成獨引服，不及，其餘下獄論死。」

《明神宗實錄》卷三六〇〈大明神宗顯皇帝實錄卷之三百六十〉云：「蘇州民葛誠等，縛稅官六七人投之於河，且焚宦家之蓄稅梃者，太守朱燮元撫定之。」

秋，北返京師途中，作〈淮上〉、〈滁陽懷速氏故封〉、〈秋日重經宿州，時灘水爲黃河所遏，瀰漫無際，四顧蕭然，余嘗三渡符離，是役不勝悽惋，遂托四詠〉四首、〈符離集新黃河也〉、〈秋日過滕縣即景嘲之，遂成十韻〉、〈桃山謁　岳武穆祠〉、〈一日受金牌十二論〉、〈汶上〉、〈渡故宋漕河〉三首、〈河間〉二首。

《九籥集詩》卷之二〈淮上〉，淮上在淮陰一帶。此指北上。

《九籥集詩》卷之二〈滁陽懷郭氏故封〉，滁陽在今安徽滁州，郭氏指郭子興。

《九籥集詩》卷之二〈秋日重經宿州，時灘水爲黃河所遏，瀰漫無際，四顧蕭然，余嘗三渡符離，是役不勝悽惋，遂托四詠〉，宿州在安徽。

《九籥集詩》卷之一〈符離集新黃河也〉云：「黃河不走古徐州，向南直奪灘水流，呂梁山口泥沙塞，符離橋畔神鬼愁。……」

《明史》卷二十一〈神宗二〉載：「萬曆……二十九年……秋九月壬寅，河決開封、歸德。」開封、歸德與宿州有地緣之近。

《九籥集詩》卷之四〈秋日過滕縣即景嘲之，遂成十韻〉，滕縣在山東省。

《九籥集詩》卷之二〈桃山謁　岳武穆祠〉，桃山在滕縣東南方。

《九籥集》卷之三〈一日受金牌十二論〉有序云：「辛丑秋，桃山謁武穆祠作。」

《九籥集詩》卷之二〈汶上〉，汶上在山東。

《九籥集詩》卷之二〈渡故宋漕河〉有序云：「在恩縣北，土人名趙家河。」恩縣在山東。

《九籲集詩》卷之二〈河間〉，在河北河間縣。

秋，作詩〈秋日送高太史還朝〉。

《九籲集詩》卷之三〈秋日送高太史還朝〉云：「薊北關河道路長，臨岐尺素寄相將，……」由「薊北」可知，時枡澄在京，亦即已北返抵京。

十月，神宗冊立皇太子。

《九籲集》卷之一〈順天府宴狀元記〉云：「後遇　皇太子冠婚冊立，及　皇太孫生，咸可遙瞻　聖顏，……」據《明史》卷二十一〈神宗二〉「光宗」條記載：「光宗，……諱常洛，神宗長子也。……萬曆……二十九年十月，乃立爲皇長子。」又《明史》卷一百十四〈后妃二〉記載：「光宗孝元皇后郭氏，……后於萬曆二十九年冊爲皇太子妃。」

十一月初二日，母卒，享年五十三歲，作〈燕中祭　先府君文〉及〈祭　武安王文〉。

《九籲集》卷之七〈先妣張太孺人乞言狀〉云：「既而不肖入燕，新婦妊復不舉，遷延抵冬，而訃聞矣，時辛丑十一月初二日也，享年五十有三。……以故聞訃之夕，即欲不生，友人周本音以爲無益於母氏，而祇貽羞於先嚴，且以宗嗣未舉爲言，遂靦顏偷生以至於今。」周本音，名叔宗，爲《九籲集》校者之一。

李維楨《大泌山房集》卷之一百二〈貞節宋母張孺人墓志銘〉云：「是爲萬曆辛丑十有一月二日距生嘉靖己酉五月五日，年五十有三。」張氏生於明世宗嘉靖二十八年（1549 年）。

《九籲集》卷之九〈燕中祭　先府君文〉云：「不五年而吾妹亡，又十年而姊逝矣，不二十年而兄淡與母又相繼歿矣，他若伯母吳孺人、叔父安遠君皆期親也，咸歸於土矣，……澄娶於己亥（按：應爲丁亥），新婦楊氏當庚寅之歲生子虎兒，婦因產而亡，亡六年而虎兒殤。壬辰，繼室於吳之施氏，生女阿寶，今七周矣，……及兄淡亡於戊戌，澄遷父柩而殯諸王父之昭位，兄淡寔侍穆焉。……今澄旅于京師，刷恥之志，雖屢蹶彌衰，……」文中記兄懋淡與母相繼去世，虎兒早殤，但未言及次子龍媒之生，龍媒生於明年十月。本文應於接獲母卒惡耗後，祭拜父親，告知此事及家中近況。

《九籲集》卷之九〈祭　武安王文〉云：「昔吾父叔然，以明經舉於鄉，因計

偕，亡於燕京演象所之右廡，廡侍　大王行宮之側，父恥名之無成，魂不與柩俱還，每憑人示靈，祈宣勿已，向非　大王憫其無依，吾父豈獲棲息於廊廡之間？今澄不忍，將奉主以招吾父之魂，敢昭告於　大王，……倘憫澄之請，使父魂依於主，朝夕詔澄之蠢愚，俾繼先志以洗三敗之羞，是澄父子皆拜大賜以永終譽也，……」本篇應與〈燕中祭　先府君文〉爲同時之作。

光緒《重修華亭縣志》卷十八〈列女上〉「贈大理寺少卿宋堯俞妻張氏子舉人楙澄繼妻施氏」條云：「……張氏誨導甚嚴，……楙澄奉母訓，卒以成名，……婦施氏事姑孝，見姑未嘗啓齒，嘗請之，姑曰：『得汝我幸自寬，所不笑者，以嫠也。』姑亡，楙澄方試北雍，含斂如禮。」

十二月，以母喪顛沛南還。

《九籥集》卷之二〈錢氏劍策序〉云：「辛丑季冬，余以先慈之變，顛沛南還，瞻雲訟過，求死萬端，而四方之交，象先首辱，余時骨楚，聞象先來，霍然減半，秉燭乙夜，憶『留母不俱征』之詩，悲慟欲絕。」錢希言，字簡栖，初字象先，著有《劍莢通》，其事略見錢謙益《列朝詩集小傳》丁集下〈錢山人希言〉。莢，通策。

〈送　袁三從軍〉或作於今年。

《九籥集詩》卷之三〈送　袁三從軍〉云：「十三走馬與探丸，遮莫於今興未闌，袖裏鳳毛他日淚，畫中麟閣異時歡。臨風把酒澆司命，說法看身愧宰官，鴻鵠漫堅千里志，相逢莫遣愧雞壇。」袁三即袁微之，據《九籥集》卷之五〈袁微之傳〉云：「辛丑復下武闈第，乃之魚復幕府爲材官，……」袁微之於萬曆二十九年落第後，便前往四川魚復縣從軍。

明神宗萬曆三十年壬寅（1602 年）　三十四歲

奔母喪南歸，作〈日本刀記〉。

《九籥集》卷之一〈日本刀記〉云：「迨壬寅以先慈訃南奔，值夜，復宿是館，弦月積雪，風景淒然，迴念壯心，恍如隔世，日月不居，老將至矣，此英雄所以撫髀而泣也。」奔母喪南歸，當在途中度歲。

南歸途中經北固山至南京。

《九籥續集》卷之一〈張若侯雪廬詩草序〉云：「壬寅自北固抵金陵，於大江

中睹白雲之在天，澄江之如練，而心忽有會焉，作雜著數十篇，書之曆眉，意之所到，筆不可停，書已而意更茫然，雖無當于世，自喜得山川之助，而余年已三十餘矣。」北固山在江蘇鎮江北方。

居母喪期間，作《虋蕪館手錄》、《積雪館手錄》二書，時為胃病所苦。

嘉慶《松江府志》卷五十五〈古今人傳七〉「宋懋澄」條云：「居母喪一如古禮。」陳子龍《安雅堂稿》卷十三〈宋幼清先生傳〉云：「聞母張夫人訃，奔還，居喪一如古禮。」

《九籥集》卷之二〈虋蕪館手錄序〉云：「時余居喪，方苦胃疾，飲食日廢，得水之適，稍減半焉。已復自悔，不止於讀《禮》而浸淫他書，不死於伏苫而留連一水。」

《九籥集》卷之二〈積雪館手錄序〉云：「乃天不憖遺老母，遂於是多謝世，……及克抵家，而悲勞麕至，寢食交忘。越不兩月，自分死矣，苦無以餞日，遂取古今書讀之，遇奇事即錄。在舟曰《虋蕪》，在陸曰《積雪》。」母喪在萬曆二十九年冬，南還抵家後二個月，爲萬曆三十年。〈虋蕪館手錄序〉及〈積雪館手錄序〉當作於書成之後。

四月，恩師高承祚辭世，作〈祭高元錫太史〉。

《九籥集》卷之九〈祭高元錫太史〉云：「然先生之歿，孰非人亡之一大痛哉！澄小人也，既沐先生文章之好，有知遇之痛，……」馮夢禎《快雪堂集》卷之十一〈翰林院檢討鶴城高公洎配楊孺人墓誌銘〉云：「公素豪飲健飯，自使歸，匕筯日損，壬寅四月，力疾之京口，上疏請告，遺長安諸君子書精采，猶奕奕滿大宅，歸途忽暴，下遂不支，臨終神色不亂。」京口即今江蘇鎮江。

嘉慶《松江府志》卷五十四〈古今人傳六〉「高承祚」條云：「萬曆……二十八年授檢討，明年分考會試，奉使冊封藩王，歸里得疾，逾歲不起，年僅四十七，時論惜之。」

九月底，與王無功同遊華陽。十月，作〈遊華陽洞天記〉。

《九籥集》卷之一〈遊華陽洞天記〉云：「壬寅多九月二十有九日，余舟次丹陽，有所俟，不至，乃與客王無功謀爲華陽遊，……北風初勁，微有寒色，遂宿於延陵，……夫君子於世，惟出處兩途。余碌碌人間，三十有四，進不能躋伊傅之功，退不能與麋鹿爲友，親亡家破，招尤取侮，……誓既今以往，

如杜子春三得金之後，不一二年脫盡世網，便當結廬句曲，率妻孥耕織其中，……」丹陽及延陵均在今江蘇省丹陽市。王無功，祁彪佳《遠山堂劇品》作王元功，但於品評時，則作「無功」。如評王元功〈瑪瑙簪〉云：「無功諸作，一以曲折爭奇……」評〈花亭〉云：「此無功改百花本也。」此外，其兄王元壽亦爲劇曲家。

十月，次子龍媒生，爲側室陳氏所出。

《九籥集》卷之七〈兒龍媒誌銘〉云：「兒生於今　上壬寅冬十月壬子，生母陳氏未生前，余叩籤於梓童云：『駒是房星化下來，天閑產出號龍媒，從容八極皆如意，咫尺瑤池去復回。』因名龍媒，字君房，明年余將抵燕，兒乳貿故，畀伻義育之。」

明神宗萬曆三十一年癸卯（1603 年）　三十五歲

春，晉京，暫居北京城西圓覺庵，作〈發願斷酒文〉。

陳子龍《安雅堂稿》卷十三〈宋幼清先生傳〉云：「服除，又將北游，親故多止之。先生泫然流涕曰：『我安忍親在而出，親沒而處乎？』卒復客燕者五年。」

《九籥集》卷之四〈發願斷酒文〉云：「今上癸卯春，余以先慈權厝，家居不善治生，產日中落，以爲父兄羞，遂策蹇復遊長安，寓城西庵之圓覺，禪德號湧峰者，戒律精嚴，余因茹齋斷飲，如老衲然，間過中表，相與把酒，至漏語而散，……。當委頓之際，諸禪和相與目攝笑之，余亦慚悔無地，因念托生以來，於今三十五年，自無知而有知，顛沛於識風之中，……」

六月十七日，游河北省遵化溫泉，歸而作〈游湯泉記〉。

《九籥集》卷之一〈游湯泉記〉云：「癸卯，復客燕中，聞友人爲遼海遊，甚壯，……。會友人袁微之爲盧龍劉中丞裨將，座間人復津津侈湯泉不置，居久之，作書與微之約，遂鼓勇爲遵化行，時六月十七也。」

秋試不利，作客燕中近五年。

《九籥集》卷之九〈南還奉　先府君神主登舟祭文〉云：「（父）以不第不瞑爲誓，……且不忍母在而出，母亡而處，是以有癸卯之役，復客燕中幾五年矣。」

八月，作〈記夢〉。

　　《九籥集》卷之一〈記夢〉云：「癸卯秋八月二十七夜，夢於大江中登高樓四
　　瞰，樓倚石排山足，水勢騰沸，其聲如雷，山有小廟，一道士頭分兩髻，左
　　髻微有癰腫，以手探廟中，出青果一枝，計七枚，使余嚼之，隨口而盡。」

秋，方外之交湧峰禪德圓寂。

　　《九籥集》卷之四〈圓覺庵募緣文〉云：「湧峰禪德與某稱方外交有年，癸卯
　　秋示寂之日，謂某必厝肉於火，殯骨於水，所居庵聽檀越廢與，遂以庵地券
　　屬某，迨師趺化，一稟遺言。」

冬，與好友焦周於燕邸會面，作〈燕中別焦三〉。

　　《九籥續集》卷之八〈祭焦茂潛〉云：「癸卯冬共襆被燕邸一夕，已而茂潛落
　　羽歸，苦目眚，……」

　　《九籥集詩》卷之一〈燕中別焦三〉云：「天無色，海無邊，瀰淪爾我於其間，
　　各來長安有何意，兩人不得名其然，……」

　　張朝瑞編《南國賢書》記載：「萬曆三十一年癸卯科，焦周（排名第六十），
　　南京旗手衛，監生，《禮記》。」焦周，字茂潛，為焦竑次子，今年秋試中舉，
　　冬天與楙澄於北京會面。〈祭焦茂潛〉所言「已而茂潛落羽歸」，當指焦周明
　　年春闈不第。

明神宗萬曆三十二年甲辰（1604 年）　三十六歲

正月十六日，友人袁微之卒，唐文獻為治後事。

　　《九籥集》卷之五〈袁微之傳〉云：「親知皆歡呼，喜中丞之知微之也，微之
　　用有日矣。忽膺脾疾不起，時甲辰正月十有六日也，嗚呼痛哉！」

　　何三畏《雲間志略》卷之廿二〈唐文恪抑所〉云：「公之生平孝友，自其天
　　性，……他如憫彭欽之之飛禍而釋其囚，痛張仲仁之奇冤而白其事，哀袁微
　　之之客死而經紀其喪，……」唐文獻，字元徵，號抑所。

　　李延昰《南吳舊話錄》卷十七〈賞譽〉「二袁」條云：「袁非之與弟微之是履
　　善子，稱雲間二袁，……後袁微之竟客死，得唐元徵經紀其喪，幸而歸國，
　　他何論哉！」

夏秋之交，在京，作〈圓覺庵募緣文〉。

《九籥集》卷之四〈圓覺庵募緣文〉云：「甲辰夏秋，京師淫雨彌月，無屋不傾，庵惟　釋迦像中堂獨存，它房悉圮。」《九籥集》卷之四〈薦沈楊兩公疏文〉云：「思兩公居燕時，常相與禮佛於城西之圓覺庵，庵圮而克脩伊兩公力，……」兩公指沈侍御時來及楊宮諭繼禮。

明神宗萬曆三十三年乙巳（1605 年）　三十七歲

春，讀書於北京城西極樂寺，作〈極樂寺檢藏募緣疏文〉。

《九籥集》卷之四〈極樂寺檢藏募緣疏文〉云：「燕都城西有極樂寺，……乙巳春，住持僧性靈，夢寺中　藏函悉放五色，毫光干霄，拂漢驚醒，遍語大眾，有謂靈光四散，龍神無意呵護此方，有謂寶光出世，藏將重檢，適予讀書寺中，僧以夢叩余，……」據劉侗、于奕正等撰《帝京景物略》卷五〈極樂寺〉云：「高梁橋水，來西山澗中，……岸北數十里，大抵皆別業、僧寺，……距橋可三里，爲極樂寺址，……神廟四十年間，士大夫多暇數游，寺輪蹄無虛日，堂軒無虛處。」

唐文獻辭世，〈祭唐宗伯文〉作於萬曆三十三年以後。

《九籥集》卷之九〈祭唐宗伯文〉云：「楙澄之生也晚，且雲泥異途，濩落無狀，先生獨識之驪黃牝牡之外，賞其文而與其人，爲之伸先慈之微節，爲之託友人之含殮，至有同姓佐蝛含沙，告三至而先生不爲投抒，直指小人之名氏，見其肺肝若秦鏡，然遺音猶載於友人之耳。」唐宗伯指唐文獻，字元徵，號抑所，華亭人，生於明世宗嘉靖二十八年（1549 年），卒於明神宗萬曆三十三年（1605 年），萬曆十四年狀元及第，卒官贈禮部尚書，諡文恪。嘉慶《松江府志》卷七十九〈名蹟志〉「禮部侍郎贈諡文恪唐文獻墓」條云：「在二里涇龍興橋北，萬歷三十三年賜葬，王錫爵銘。」

秋，作〈舊泉州淳化帖後跋〉。

《九籥集》卷之八〈舊泉州淳化帖後跋〉云：「余往得之外氏，經十逾年，每往來長安，輒攜之俱，乙巳秋有僧乞修釋迦前殿，顧探客囊如洗，低回久之，遂出帖作施。」淳化帖係宋太宗淳化三年出淳化閣所藏漢、魏、晉、唐列朝名人墨跡，命侍書學士王著編次、摹刻於板上，稱爲「淳化祕閣法帖」。共十卷，古人法書，賴此以傳。楙澄藏有此帖，爲募修建釋迦前殿之經費，慨然割愛捐出，並作跋於後。

十一月，神宗皇太孫朱由校誕生，時在京。

〈九籥集〉卷之一〈順天府宴狀元記〉云：「後遇　皇太子冠婚冊立，及　皇太孫生，咸可遙瞻　聖顏，……」據《明史》卷二十二〈熹宗〉記載：「熹宗，……諱由校，光宗長子也。……萬曆三十三年十一月，神宗以元孫生，詔告天下。」

忘年之交沈時來及楊繼禮相繼逝世，作〈薦沈楊兩公疏文〉。

〈九籥集〉卷之四〈薦沈楊兩公疏文〉云：「今　上己亥復客燕中，受知於沈侍御，楊宮諭兩公，結文酒之交，締忘年之好，迄於乙巳，荏苒七年，始終靡間，兩公之待梉澄，如摧花雨，惠以無私，梉澄之於兩公，猶惜花風，過而能去，不意一歲之中，咸以南歸不祿，……身為羈旅，設位而哭之，摛辭以吊之，於儒盡矣，而無益於兩公。思兩公居燕時，常相與禮佛於城西之圓覺庵，……今兩公亡而無以為情，某謀於庵主，如鯨虔敦法眾為兩公誦諸品經若干部，暨焰口施食，一壇凡兩晝夜，以我願力，合彼有情，消我有情，皈依無量，……」參看本譜萬曆二十七年。

明神宗萬曆三十四年丙午（1606年）　三十八歲

秋試不利。

時梉澄在京。〈九籥集〉卷之九〈南還奉　先府君神主登舟祭文〉云：「是以有癸卯之役，復客燕中幾五年矣。」癸卯為萬曆三十一年，客燕五年當自萬曆三十一年至三十五年。

明神宗萬曆三十五年丁未（1607年）　三十九歲

二月二十三日，往遊北京西山滴水崖，歸而作〈遊西山滴水崖記〉。

〈九籥集〉卷之一〈遊西山滴水崖記〉云：「丁未遇居停辛孝廉，慷慨俠烈士也，嘗向余矜滴水崖奇。仲春二十有三日，同友人出平子門大道，之萬壽寺，……明日，登香山，遂從西南走滴水崖道，……」西山在北京市。

三月九日，遊燕北明帝王陵寢，歸而作〈遊燕北　祖陵記〉。

〈九籥集〉卷之一〈遊燕北　祖陵記〉云：「自遊滴水崖而歸，夢中時與煙霞侶也。季春八日，投刺城東遇雨，遂宿友人邸，明晨歸，得劉使君招遊　祖

陵札，遂忻然赴南州會館，而使君行矣。……」

三月十八日，至順天府拜謁貴人，歸而作〈順天府宴狀元記〉。

《九籥集》卷之一〈順天府宴狀元記〉云：「萬曆丁未春三月十八日，偶之順天府，答拜一貴人，……」

夏，修葺白雲山房，並讀書其中，作〈白雲山房記〉。

《九籥集》卷之一〈白雲山房記〉云：「余少不喜羽流，年二十餘，屢夢與神仙遇，遇輒有記。會中年多病，稍習養生家言。丁未夏，太醫金君爲余鄉人，告老而歸，以所刱茆庵五椽畀余，庵枕燕京白雲觀之右，余貿室中所藏書，酬之三十金，復葺之，將讀書其中，俟我之去也。」據〔清〕富察敦崇《燕京歲時記‧白雲觀》云：「白雲觀在阜城門外西南五六里，自金元以來即有之。……考白雲觀乃元太極宮故墟，內塑邱眞人像，……太祖……遂賜號曰神仙，封爲大宗師，掌管天下道教，使居燕之太極宮，後改爲長春宮，即今之白雲觀也。」白雲觀位於北京西城外，是明代以來道教全眞教派的第一叢林，北京最大的道觀建築。

六月，作〈南還奉　先府君神主登舟祭文〉。〈顧思之傳〉或作於今年。

《九籥集》卷之九〈南還奉　先府君神主登舟祭文〉云：「是以有癸卯之役，復客燕中幾五年矣。……兼以五年之中，凡三嘔血，……況先慈之骨未殯，澄敢捐軀以抗鬼神，使鬼神笑余父子知有人爵而不知有天命哉！用是決意南歸，擬於是月十五奉　主登舟，……今澄既因病而歸矣，又何忍留兩　大人之主以失歲時蒸嘗之禮？」因〈負情儂傳〉言及七月二日已在衛河舟中，則本文當作於六月。

宋徵輿《林屋文稿》卷之十〈先考幼清府君行實〉云：「……卒復客燕者五年，丁未以遷葬南還，舊交多替。顧君思之卒，府君悼焉，厚恤其家，爲作顧君思之傳，具道平生，多寄慨切。」《九籥集》卷之五〈顧思之傳〉云：「思之其仲子也，長余九歲，……忽一日無疾而卒，享年四十有六，存歿年月具載子超之狀中。」顧承學非卒於今年，推測當卒於明神宗萬曆三十三年或三十四年（1605 或 1606 年）。

離京前，作〈偏憐客序〉。

《九籥集》卷之二〈偏憐客序〉云：「余自束髮，作客往來燕齊幾二十年，……

丁未因病，將事南歸，先數日束裝，遣蒼頭驅車下潞河，獨與妻孥居城中，俟奚奴北上，與俱載而南。無几席可以延客，終日杜門思從前，皆成往事，……慮作客者蹈余前轍，而指妄緣爲眞境，因戲列人情，間及它事，以博作客者一笑。」

《九籥集》卷之八〈將遷居金陵議〉云：「……夫余不能工制藝而娓娓不休，徒以先人之遺言在，苟目未眚腕未顫，尙冀于一逞，以謝先人於九京，……況先慈嘗有潔身之訓，父母一也，請四十已前從父，而四十已後從母，重以兩兒云逝，冢嗣乏人，兢兢懼衰齡之不保，矧丁未南還，審出處之宜，愼于先嚴及明神，咸有要言。」楙澄四十歲以前均遵循先父遺命，致力舉業，卻屢試不售；四十歲以後，則應從母潔身之訓，即《九籥集》卷之七〈先妣張太孺人乞言狀〉所述母親遺命：「爲鄉黨善人足矣。」

七月二日南歸途中，於衛河舟中續完〈負情儂傳〉。

《九籥集》卷之五〈負情儂傳〉結尾後半云：「丁未攜家南歸，舟中檢笥稿，見此事尙存，不忍湮沒，急捉筆足之，惟恐其復祟，使我更捧腹也。既書之紙尾以紀其異，復寄語女郎：『傳已成矣，它日過瓜洲，幸勿作惡風波相虐，倘不見諒，渡江後必當復作，寧肯折筆同盲人乎？』時丁未秋七月二日，去庚子蓋八年矣。舟行衛河道中，拒（按：應爲距）滄州約百餘里，不數日，而女奴露桃忽墮河死。」

七月五日，女奴露桃落水而死，作〈祭女奴墮水文〉。

《九籥集》卷之九〈祭女奴墮水文〉云：「萬曆三十五年七月初五日，主父華亭宋楙澄自燕京攜家南歸，舟行衛河當油坊夏店之間，土人稱爲上口。於時湍水北流，猛風南駛，有家奴留壽妻露桃走船舷之右，墮水不起。澄暨主母不勝悲痛，聊備三牲盃酒，揮涕赴流，願我大神命下執事付魂食之，無令爲異物所奪。」並非文人妄託鬼神，實乃紀實之意。

潘之恒《亘史》有萬曆四十年顧起元序。該書《內紀》卷十一「貞部」〈烈餘〉轉載〈負情儂傳〉，並有跋云：「宋郎作此傳幾再病，而竟隕露桃，欲令我絕筆矣。……本傳少年作新安人，吾不願與同鄉，故削去。非爲之諱，當爲憤俗者所原耳。」楙澄堂侄宋存標編著《情種》卷四亦收錄〈負情儂傳〉，相較於原作，文字略有增刪。

南還返家，次子龍媒已五歲。

《九籥集》卷之七〈兒龍媒誌銘〉云：「丁未南還，生五年矣，拜起如成人。」

明神宗萬曆三十六年戊申（1608 年）　四十歲

春，乞錢希言序《九籥集》，則錢序作於今年。

《九籥集》卷首之錢希言〈九籥集敘〉云：「今戊申春，幼清自燕都還，訪余月駕園，與之譚論，因出篋中《九籥集》一編相定，則君旅食都門時，及跋涉津梁間，所著詩若文也。」錢希言此序所見《九籥集》，乃部分稿本而已。

與平康徐女郎相識，締兄妹之盟。秋，客居蘇州虎丘，作〈真娘墓記〉。

《九籥集》卷之一〈眞娘墓記〉云：「戊申偶於友人席間逢徐女郎，……亟與具兄妹之禮而行。女郎昔從人矣，人負之，遂至今流落，然其心不可一世，雖貧不能妝，而眉未嘗蹙，視人之權利，一笑消之。秋日余讀書虎丘，女郎攜酒相訪，……」

《九籥集詩》卷之四〈賦得長相思五首〉有序云：「戊申遇平康一女郎，偶叩其年，乃庚寅十三子夜生也，舉止淒悒，如玉簫之見韋鎮西，愧無鍾鼎之勳，遂負絲蘿之託。」其生年與元配楊氏卒年恰爲同一年，然因未有功名，無緣締秦晉之好。

《九籥集詩》卷之四〈徐女郎與余締兄妹之盟，愧不能如虬髯之于一妹，多日將別賦此〉云：「昔年秉燭間關夜，月冷霜嚴直到今。」詩非同年之作。

十月，領受佛教清淨法門，作〈記夢〉。

《九籥集》卷之一〈記夢〉云：「三年不作神仙夢矣，戊申冬十月旅虎丘，受清淨法門於方士。至初十夜，醉歸法堂，霜月澄空，樹影身中見，疑隨落葉俱飛也。寐至五更，夢日在辰矣。」清淨法門爲佛教十法門之一。

作〈虎丘禪悅樓募緣疏〉。

《九籥集》卷之四〈虎丘禪悅樓募緣疏〉云：「有上人某者，金陵名胄，厭薄輕肥，寄跡緇流幾數十年矣，相好端嚴，威儀具足，居虎丘東塔院之右，一山之僧與山居之家見其來，則歡聲載道，迨其過而愉快之情猶洋洋不已，……余雅喜其爲人，而吾黨二三先生皆與之臭味焉。」本篇當爲旅居虎丘時所作。

準備北行。

> 《九籥續集》卷之二〈金姬堰東失石硯記〉云：「戊申又將北行，因斲白石研配之，以研丹砂鍊銅爲匣，見者深賞其便。」

作〈祭　先考方林府君及　先妣張太孺人文〉二篇，並將父母合葬於奉賢縣瑤涇。

> 《九籥集》卷之九〈祭　先考方林府君及　先妣張太孺人文〉云：「我父與我母別於今上丙子之冬，暨於今日越三十有二年矣，自別已來，家庭之事有悲而無喜，有妖孽而無禎祥，爲鄉黨之所嗤笑，而澄不能以一身挽回之，……今也徼天之衷，魂合於宗廟，魄合於兆域，離而復合，人情有轉悲成喜之意焉，則兩先人之精靈踴躍可想象矣。」同卷〈祭　先考方林府君及　先妣張太孺人文·又〉云：「我父母之葬，越三晨矣，……」丙子爲萬曆四年，時楙澄八歲，至萬曆三十六年，相距三十二年。因母親靈柩未入葬，且去年已將父親神主牌位遷回故里，至今年始將父母合葬，了卻身爲人子的一樁心願。
>
> 嘉慶《松江府志》卷七十九〈名蹟志〉奉賢縣冢墓「贈大理寺少卿宋堯俞墓」條云：「在瑤涇，馮時可志銘，子懋澄祔。」瑤涇在今上海市奉賢縣。光緒《奉賢縣志》卷二十〈雜志〉「遺事」條云：「宋堯俞墓，江右劉小仙所擇，王達宇先生參定之。」

明神宗萬曆三十七年己酉（1609 年）　四十一歲

春，作〈南雲小言序〉，刻前八年所爲《南雲小言》詩一卷，作爲拜見公卿大夫之見面禮。

> 《九籥集》卷之二〈南雲小言序〉云：「己酉春將遊四方，苦無羔鴈，檢笥中有《南雲小言》一卷，乃辛丑歸省道中作也。惜其爲絕筆之詞，故先梓之，并以識余之于詩未嘗解如此。」辛丑爲萬曆二十九年。

北上，旅次蘇州金閶，因徐女郎生辰而作詩〈賦得長相思五首〉。

> 《九籥集詩》卷之四〈賦得長相思五首〉有序云：「余於庚寅（萬曆十八年）元宵前三夜泊舟胥門，雨雪淒其，夢與所歡長別，是年遂有破鏡之悲，來往於懷，與日俱積。戊申（萬曆三十六年）遇平康一女郎，偶叩其年，乃庚寅十三子夜生也，……愧無鍾鼎之勳，遂負絲蘿之託。己酉春將事北上，道出

金閶，值女郎生辰，因賦〈長相思〉五闋而別，蓋方濟河而焚舟，未暇犁雲以種玉耳。」

秋試之年，當失利自京師南歸，途經衛河，作〈黃河祭亡奴文〉及〈再祭女奴露桃文〉。

《九籥集》卷之九〈南還奉　先府君神主登舟祭文〉云：「苟獲徹天之衷，南還無恙，己酉將濟河焚舟，背城一戰，戰而捷，　大人寧有榮焉，如其不捷，澄必摧橦息機，潔身而隱，……」今年秋試，係背水一戰，不料仍未能中舉，故決意歸隱而南歸。

《九籥集》卷之九〈黃河祭亡奴文〉云：「孤淹息在外幾二十年矣，邇以多病南歸，道經汝墮水之處，聊備壺漿雞黍，薄祭汝魂。……孤憊於遊困於病，猶未能忘情於功名，……」又《九籥集》卷之九〈再祭女奴露桃文〉題下有序文云：「己酉經衛河」，女奴露桃墮水在萬曆三十五年，此次再經衛河，當在下一次進京赴試後南歸途中，即萬曆三十七年。

作〈渡黃河祭　金龍大王文〉。

《九籥集》卷之九〈渡黃河祭　金龍大王文〉云：「今多病而歸，適遭水溢，波迷象眸，率妻孥聽陽候之喜怒幾兩月焉，……而二十年來，四海之內既不我知又不我妒，其窮極矣，是以每對　明神，辭多忿激，　大王幸勿憎其悖而罪之。」所述「多病而歸」及「二十年來」，均與〈黃河祭亡奴文〉聲口一致，當作於同時期。

八月三十日，游蘇北徐州雲龍山，歸而作〈遊彭城雲龍山記〉。

《九籥集》卷之一〈遊彭城雲龍山記〉云：「己酉八月南還，晦日泊舟彭城南，日晡矣，見有浮圖在山巔，因南步約三里至其下，仰瞻浮圖壯麗，且鐍門鎖寂無人，遂折而北，行五里餘過亂塚，循西而上為雲龍山，……」徐州古稱彭城。

九月，過鎮江，於金山小住累月。

《九籥集》卷之一〈遊石排山記〉云：「江南之人渡大江者，必登金山，間登焦山，余年二十即為妄心所驅，於二山猶逆旅也。己酉南歸，嘗棲遲金山之盤陀石者累月，時與老僧太虛盤桓龍王廟前，……余時鬱鬱不得志，遂不獲賈勇，尋以事渡江南歸。」

明神宗萬曆三十八年庚戌（1610 年）　　四十二歲

居華亭，作詩〈自適居〉。

《九籥集詩》卷之二〈自適居〉詩云：「四十二年妄，一朝都破除，心隨老楓化，身悟幻蕉虛。」

撫臺徐民式奏　請縉紳與小民一體當差。

《九籥續集》卷之四〈擬蘇松士夫請貼役疏〉云：「自萬曆三十八年徐撫臺秉鉞應天，知大戶有詭寄之弊，遂奏　請縉紳與小民一體當差，伏蒙　聖諭，令詳慎經畫，務絕弊端，以成水利，吳中士庶，歌舞綸音，歡聲動地，⋯⋯」撫臺指徐民式，《明史》卷九十七〈藝文二〉載有徐民式撰《三吳均役全書》四卷。

明神宗萬曆三十九年辛亥（1611 年）　　四十三歲

夏，往事漕輸，遭家奴侵盜。四月十七日偕兒龍媒、甥孟張遊蘇北。五月六日，龍媒以痘毒卒於舟中，年僅十歲，中途折返。

《九籥集》卷之一〈遊石排山記〉云：「越辛亥夏，遭惡奴侵漁輸額，乃身自往役，夏四月十有七日泊舟北固口，舟人方豎帆艫洶洶，余與甥王孟張買舟登金山，時日已未刻矣。⋯⋯余遂與之謀遊石排山，⋯⋯鼓舟更渡三排，於盤陀精舍少息，與土人偕渡江，抵京口，復遊玉山寺而歸舟，⋯⋯」漕輸，指以水道運輸米糧供給京城或供應軍旅所需。北固口在鎮江北，京口即今江蘇省鎮江市。

《九籥集》卷之八〈與心洛曹侍御書〉記惡奴宋文事，或即為同一案。沈德符《萬曆野獲編》卷十七〈石司馬〉載有：「時曹心洛先已久繫，正坐論石得罪者，⋯⋯曹名學程。」則曹心洛即為曹學程。《明史》卷二百三十四〈曹學程〉云：「曹學程，字希明，全州人。萬曆十一年進士。歷知石首、海寧。治行最，擢御史。帝命將援朝鮮。⋯⋯學程抗疏⋯⋯疏入，帝大怒，謂有暗囑關節，逮下錦衣衛嚴訊。⋯⋯自是救者不絕，多言其母年九十余，哭子待斃。帝卒弗聽，數遇赦亦不原。⋯⋯三十四年九月，始用朱賡言，謫戍湖廣寧遠衛。久之，放歸，卒。天啟初，贈太僕少卿。」

《九籥集》卷之七〈兒龍媒誌銘〉云：「辛亥余役於漕輸，遭奴侵盜，當事者

勸余北征，念兒未閑於訓，遂挈兒暨兒師與俱，師即余甥也。舟泊北固請登
金山，行艱令負之，復歷焦山，……至維陽道瓊花觀，歸始慇。……初夏復
現似痘者百，且有毒如卵，出左手寸關間，醫又指爲痘毒也，……延醫於寶
應淮陰，……凡不食九日而亡，亡時呼父不已，慇勤謝嫡母，……時五月六
日戌夜也，同舟莫不悲悼。……度不能北，當事者亦以見原，因持其櫬，歸
葬於春申浦漕河馬瀆之南，地爲先府君舊葬處。」維揚即揚州。

錢希言《松樞十九山・聽濫志》之〈聽濫志下〉云：「余友宋孝廉子痘出兩
月矣，挈之北上，敖于金焦兩山，揚州璚花觀觸忤幽都鬼神，痘復重見而死。」

沈德符《野獲編補遺》卷二〈江南白糧〉云：「至隆慶二年，蘇州知府蔡國
熙奏，……白熟細米每石加耗一斗，……白熟糯米每石加耗五升，……監收
者不得越例需求，戶部覆奏如其請，上命允行。蓋兩朝亦知白糧之害，故允
二臣之奏。然當時已未必能行，侵尋至今，其加耗且十倍，內臣需索，日增
無已。江南膺此役者，家立破矣。額設白糧一十八萬八百六十餘石有奇，南
浙之蘇松常杭嘉湖六郡征解。……」楙澄往事漕輸，當即此役。陳繼儒《白
石樵眞稿》卷之十二〈北運白糧事宜〉可參看。

陳繼儒次男陳夢松與堂叔父堯武孫女宋氏婚配，陳宋兩家結為兒女親家。

陳繼儒《陳眉公先生全集・年譜》云：「萬曆……三十九年辛亥，……男夢
松婚娶宋氏，憲副遜庵公孫女也。」

明神宗萬曆四十年壬子（1612 年）　四十四歲

春，拜讀竟陵派譚友夏作品。

《九籥續集》卷之一〈白爾亨制藝序〉云：「壬子春讀竟陵譚友夏詩，緣情偶
觸，而心靈爲之一變，因作二詩送之，語語不與友夏同。」

作〈將遷居金陵議〉，之後即遷居金陵，拜謁世伯李維楨，李作〈九籥集序〉。

《九籥集》卷之八〈將遷居金陵議〉云：「是以壬子之役，義不復渡江，……
徼天之衷，壬子借一于南都，不捷，當儵數廛于金陵，彙墳典，誦讀其中，
窮群經諸史之奧，及　國朝掌故與百家言，暨周髀、甘石、稗官、藝術之書，
以迄二氏。」

《九籥後集》楚遊下〈與張叔翹書〉云：「……至于金陵，則弟壬子已有〈遷

居金陵議〉矣，刻在拙稿可覆，⋯⋯」

李維楨《大泌山房集》卷之一百二〈貞節宋母張孺人墓志銘〉云：「⋯⋯而有子懋澄，才似其父，其母張孺人者，女丈夫也。澄以通家謁余，金陵相得甚歡，尋舉京兆試，⋯⋯」

李維楨所作〈九籥集序〉雖未署年月，但《大泌山房集》卷之十三〈李仍啓集序〉云：「雲間二才子，曰宋幼清、李仍啓，皆以壬子舉南北京兆試。幼清余同榜中人猶子，識之未第時，為序其《九籥集》。」查《明史》卷二百八十八〈李維楨〉云：「李維楨，字本寧，京山人。⋯⋯維楨舉隆慶二年進士。」再查《九籥集》卷之六〈先府君本傳〉云：「從叔父遜菴以戊辰成進士。」戊辰即明穆宗隆慶二年（1568 年），李維楨與檉澄堂叔父宋堯武為同榜進士，故稱檉澄為「同榜中人猶子」。李維楨為《九籥集》作序當在檉澄未第前。又據〈貞節宋母張孺人墓志銘〉所載「澄以通家謁余」，則檉澄遷居金陵、拜謁李維楨、李維楨作〈九籥集序〉，應發生於同一時點，即萬曆四十年秋試前，故推測李維楨〈九籥集序〉當作於今年。

《九籥集》卷之十〈呂翁事九〉云：「壬子於金陵謁客聚寶門尹氏，瞻所供純陽師像，⋯⋯」

七月十五日，友人謝廷諒為《九籥集》作〈九籥集序〉。

《九籥集》有李維楨、謝廷諒、錢希言三序。謝序序末署「萬曆壬子孟秋望日」，李序未署年月，應作於萬曆四十年，錢序則作於「戊申春」。謝廷諒，字友可，號九紫山人，明神宗萬曆二十三年（1595 年）乙未科進士。

北上旋返。秋，拜謁熊廷弼老師，蒙老師以國士禮遇，得以參加南京秋試，並一償宿願中試，同年有好友白正蒙、黃元會、解學龍及姚希孟等。冬，辭師歸返南京。

宋徵輿《林屋文稿》卷之十〈先考幼清府君行實〉云：「壬子北上，渡淮而復，遂就試于江南督學御史熊公廷弼，已不錄，復求試，與諸生晨入，諸生有請于熊公，不能舉其詞，熊公嚴急呵諸生，將夏楚焉。府君直前，徐道諸生所以不足罪，熊公奇之，顧問：『若亦諸生，而敢代諸生言耶？』府君自言：『本太學生，來求試，哀諸生無口，為置對耳。』因復理前論，熊公聽之釋諸生，因默識府君名，得送京尹試，是年舉于鄉。」

《九籥續集》卷之六〈上熊芝岡老師書〉云：「去秋敬謁起居，蒙待以破格之禮，款以家人之情，方欲朝夕侍側，以罄愚者之千慮，會榮冗多端，而客子迫于冬令，遂遄辭師臺，更蒙賜以厚儀，乏束修之敬，喜虛往而實歸，懷金玉之音歌，既醉而飽德，歸棹止於秣陵。……澄感老師壬子國士之遇，……」熊芝岡，即熊廷弼，號芝岡。秣陵指南京。歸返南京係因今年已遷居金陵。〈上熊芝岡老師書〉作於本譜明年。

陳子龍《安雅堂稿》卷十三〈宋幼清先生傳〉云：「卒復客燕者五年。以久無所遇，歸而就試於江南。時大司馬熊公廷弼為督學，已不錄，復同諸生求試。熊公性嚴急，有一生請謁，震惕，語失次，熊公怒，欲鞭之。先生直前，徐道諸生所以不足罪，熊公顧謂：『若亦諸生耶？而敢代為諸生言。』先生自言：『本太學生來求試，哀諸生無口，不覺為言。』熊公曰：『奇士也。若何名？』即釋諸生，而送先生與京兆試。世皆服先生才辯，而嘆熊公大度，能知人也。是年舉於鄉，益溫溫下人，欲有所就。外似推方，而其為俠實益甚。」

《明史》卷二百五十九〈熊廷弼〉記載：「熊廷弼，字飛百，江夏人。……督學南畿，嚴明有聲。以杖死諸生事，與巡按御史荊養喬相訐奏。養喬投劾去，廷弼亦聽勘歸。」南畿即南京附近地區。

張朝瑞編《南國賢書》記載：「萬曆四十年壬子科，……白正蒙（排名第十），通州，增生，《易》。……黃元會（排名十六），太倉，廩生，《春秋》。……解學龍（排名第二十），興化，增生，《易》。……姚希孟（排名第三十二），長洲，廩生，《春秋》。……宋懋澄（排名第一百二十五），華亭，監生，《春秋》。」黃元會，字經甫，太倉人，萬曆四十一年（1613年）癸丑科進士。白正蒙，字爾亨，南通州（今江蘇通州市）人，萬曆四十一年癸丑科進士。《九籥續集》卷之一〈白爾亨制藝序〉云：「壬子幸同爾亨舉於鄉。」《九籥續集》卷之一〈解言卿窓秚序〉云：「言卿王大父給諫公，與余先君同舉　世廟之壬子，而余與言卿復以今壬子稱同年，兄弟世家之盟六十年。」解言卿，名學龍，字石帆，揚州興化人，萬曆四十一年癸丑科進士。懋澄壬子中舉，父堯俞亦以壬子中舉，兩人中舉時間，恰隔一甲子。姚希孟，字孟長，號現聞，長洲（今江蘇吳縣）人，生於明神宗萬曆七年（1579年），卒於明思宗崇禎九年（1636年），萬曆四十七年（1619年）進士。嘉慶《松江府志》卷五十五〈古今人傳七〉「宋懋澄」條云：「萬曆四十年舉於鄉。」

作〈擬呈按臺脩《松江府志》狀〉。

《九籥續集》卷之五〈擬呈按臺脩《松江府志》狀〉云：「前件爲懇脩郡志以存故典，以彰休明事，竊惟《松江府志》自顧文僖公重脩已來，今將百年，風俗之變更不詳，人物之代遷莫紀，……」顧清於明武宗正德七年（1512年）重修《松江府志》，至萬曆四十年（1612年），恰滿一百年。

冬，與王伯囊同行北上，晉京，參加隔年之禮部春試，友人錢希言作〈送宋幼清孝廉計偕北上〉。

《九籥續集》卷之九〈小論二〉云：「壬子冬同伯囊北上。」

錢希言《松樞十九山・討桂篇》卷十〈送宋幼清孝廉計偕北上〉云：「潦倒詞場二十年，名科獲雋似登儃，一行宵殿龍門後，此去須爭驥足先。」名科獲雋指今年秋捷。

好友焦周病逝。

《九籥續集》卷之八〈祭焦茂潛〉云：「壬子余旅金陵十月，竟不得相視而笑，于是不肖之奇，若廣陵散矣。」

李劍雄著《焦竑評傳》附錄〈焦竑年譜〉認爲焦周逝於萬曆三十三年，當誤。

三女宋琛出生，字鳴玉，為妾出。

宋徵輿《林屋文稿》卷之十〈亡姊殯誌〉云：「亡姊名琛，字鳴玉，先君之仲女也。先君年四十餘，有一子一女皆殤，姊之母就舍爲禱於浮屠，禱于城隍，祭于廟，既舉則女也惢焉，嫡母施夫人曰：『女也，非子徵哉！』收而養之，越六歲而其二弟生，又三歲而先君疾，疾則使二子朝，二子俱三歲，每朝必四揖，少勿成禮，將加大杖，施夫人身蔽而退之，乃進其女，時年亦僅數歲，再拜而趨侍于左，氣不攝，顏不作，一再顧之不爲動，乃賜之棗脯，則以授傳姆，復再拜而去。先君爲之歎曰：『是女也，類我，而胡勿男也。』未幾先君卒，其生母已前卒，賴施夫人撫之，得不困。年十三而就師氏，聰明強記，……其爲女也，事母敬，訓弟方，御下肅，參與家難，明決果斷，以故家之人嚴憚之，而施夫人絕愛焉。二十而歸盛子，盛子爲諸生，其人儒者，……」

宋徵輿《林屋文稿》卷之十〈先考幼清府君行實〉云：「女一人名琛，適茂才許方盛，夭卒。」徵輿姊夫爲許方盛，即〈亡姊殯誌〉中所稱之盛子。

李維楨《大泌山房集》卷之一百二〈貞節宋母張孺人墓志銘〉云：「子二人，長即楙淡，……次楙澄，幼清其字，爲雲間名士，有女二人，字諸生顧眞羽子某，未嫁亡，即寶兒也；一字董傳善子某。」可知宋琛至少有二位姊姊。

楙澄四十餘歲時，「有一子一女皆殤」，子爲龍媒，卒於萬曆三十九年，時楙澄四十三歲；女或爲長女寶兒，或爲次女。「越六歲而其二弟生」，二弟指敬輿及徵輿，生於萬曆四十五年，二弟生時宋琛已「越六歲」，故前推六年，則知宋琛約生於萬曆四十年。

明神宗萬曆四十一年癸丑（1613 年） 四十五歲

晉京，第一次春試不第。

嘉慶《松江府志》卷五十五〈古今人傳七〉「宋楙澄」條云：「萬曆四十年舉於鄉，三上春官，不第。」此爲一上。

陳子龍《安雅堂稿》卷十三〈宋幼清先生傳〉云：「嘗三試宗伯竟不第。」宗伯指禮部。

春，錢希言喪子，作書安慰。

書載錢希言《松樞十九山‧聽濫志》附錄〈宋孝廉幼清書〉，書云：「北行竟成蕉鹿夢，以爲故人羞。臨渡江時，亦不能與足下一握手爲恨。讀《聽濫志》，則纏綿凄愴，何異屈大夫重摘〈天問〉也。昔年兒亡，阿父抱痛，不減錢翁，但愧無奇文招魂耳。昔白香山、劉隨州俱晚年得子，足下亦何庸役役于此？世傳樂天無兒，多因爲《長慶集》所誤也。」楙澄二年前有喪子龍媒之痛。錢希言〈聽濫志自敘〉云：「癸丑春，兒環仙以豆殤。」龍媒亦因痘毒而亡，因此錢希言喪子之痛，二人同病相憐，楙澄感同身受。

因不第南歸，六月渡過淮水，歸而作〈上熊芝岡老師書〉。

《九籥續集》卷之六〈上熊芝岡老師書〉云：「去秋敬謁起居，蒙待以破格之禮，……逐踰更歲，六月始克渡淮，伏睹邇來時事，既不勝杞人之愚，更不勝肉食之鄙，仰天于邑，思一吐之，……澄感老師壬子國士之遇，故不揣迂疏，而陳其胸臆，……」壬子中舉，蒙熊師國士之遇在去秋，則作此書當在萬曆四十一年。又言「六月始克渡淮」，則今年在京師參加禮部春試不第，

六月南歸時渡過淮水。

作〈先妣張太孺人乞言狀〉，奉詔頒賜匾額，表揚張氏節行，並乞求李維楨
作〈貞節宋母張孺人墓志銘〉。

《九籥集》卷之七〈先妣張太孺人乞言狀〉云：「不肖既不能懸刺力學，自躋
于天衢，又不能絕跡人世，蓄息先人之遺，以供甘脆，至于湯藥殮櫬，皆不
獲躬親，兼以疲於津梁，罹於疾病，間於憂虞。計今而往，將奉教化人，絕
學棄智，甘心與麋鹿為友，豈能顯身揚名，以聲施後世哉！惟是先慈微節，
末膺　天子一命，稽顙籲天，於今十有三年矣，曾不足以感動幽明，是不肖
之罪深惡重，逋及先慈也。」文作於喪母後十三年。

李維楨《大泌山房集》卷之一百二〈貞節宋母張孺人墓志銘〉云：「……而
有子戀澄，才似其父，其母張孺人者，女丈夫也，澄以通家謁余，金陵相得
甚歡，尋舉京兆試，部使者以孺人貞節聞，詔旌其門，澄不勝悲，手其從兄
茂益狀，丐余志墓，淚隨言下，余義不得辭，志曰：……蓋沒十三年而始
旌，……澄慟母生不受旌，沒不侍含，……」旌門乃朝廷為忠孝節義之人頒
賜匾額，懸掛門上，以示表彰。

《九籥集》初刻本約於萬曆四十一年梓行。

從謝廷諒序、李維楨序均作於萬曆壬子觀之，《九籥集》初版時間推測在萬
曆四十年左右。而〈先妣張太孺人乞言狀〉是《九籥集》中寫作時間可考的
最晚一篇，約作於萬曆四十一年。張氏受旌對宋枎澄而言具有重大意義，特
別選在同年出版《九籥集》的可能性極高，因此推測《九籥集》初版時間即
為萬曆四十一年。初版可能僅包括《九籥前集》、《九籥前集詩》、《九籥集》
及《九籥集詩》四部分，據《九籥後集》之〈與張叔翹書〉記載：「至于金
陵，則弟壬子已有〈遷居金陵議〉矣，刻在拙稿可覆，……」〈將遷居金陵
議〉收錄於《九籥集》卷之八，則知《九籥集》及以前之作品已先行刊刻。
至於《九籥續集》、《九籥中集》、《瞻途紀聞》及《九籥後集》之作品，應作
於宋枎澄中舉後，陸續增補而於《九籥集》再版時收錄。

作〈議修家譜啟〉及〈議立族長族正啟〉。

《九籥續集》卷之七〈議修家譜啟〉云：「宋氏家譜修自先叔父遜菴府君，於
今幾四十年矣，中間各房之盛衰，丁齒之眾寡，缺而不考，將有遺忘之虞，

況遷徙不常，屢有對面不識之事。楙澄仰思先父方林府君敦睦之誼，欲再修焉，……」

《九籥續集》卷之七〈議立族長族正啓〉云：「楙澄蒿目時艱，欲塞釁于蟻穴，思復立族長，如秋塘公之敘尊者焉；更立族正，如遜菴公之辨賢者焉，……不妨一正一副，上以佐族長之定議，下以參族議之攸歸，……竊議得叔祖思愚公德齒俱尊，相應推爲族長，又議得叔父近塘公及二兄謙之公，皆德洽眾心，才堪理劇，相應推爲族正，此外雖才德兼優，難于枚舉，而或在城中，或限于敘，似未屬便，……」〈議立族長族正啓〉當與〈議修家譜啓〉作於同時。

宋徵輿《林屋文稿》卷之五〈家乘後序〉云：「始作譜者爲白沙府君，於仲傑公爲八世孫，諱曰詡，時爲明弘治甲子正月；再作譜者爲婁城府君，於仲傑公爲十一世孫，諱曰堯咨，其時爲嘉靖之癸丑；三修譜而梓之者爲遜菴府君，與婁城府君同世，諱曰堯武，其時爲萬曆乙亥十一月。」乙亥爲萬曆三年（1575 年），後推三十九年，即爲萬曆四十一年。如後推四十年，爲萬曆四十二年，時楙澄因家難遷居吳縣，當無暇顧及族務，故二啓應作於楙澄尚在故里之萬曆四十一年。

十二月，遭家難，舉家遷往吳縣，或即祖父在吳縣之故居。

《九籥續集》卷之一〈眉如草序〉云：「癸丑嘉平之月（按：陰曆十二月），遭家難甚慘，遂盡室遷吳門，吳門故舊遊地，而所居在皐伯通橋南，伯通故梁伯鸞主人翁也，意伯鸞傭舂之地，便應咫尺，或余所居即伯鸞故趾。」

宋徵輿《林屋文稿》卷之十〈先考幼清府君行實〉云：「癸丑遷吳門。」

《九籥後集》楚遊下〈付各家人勿執陳慈并孫鯨弑逆書〉云：「陳慈之第三弑事發也，我曾涕泣道之，諭令自甘改過，則不必到官，而慈勿順也，……孰知　國法難逃，秦鏡不爽，自羅法網，今五年於茲，……而慈長惡不悛，數於獄中興詐人之詞，　都院一訟可概見矣。至于孫鯨佯死投河，從慈謀逆，……我所以不汲汲于獄成者，欲慈悔過自新，又思我　先府君遺未瞑之命，且我年踰不惑，未有家嗣，一旦縱虎狼於野，恣其吞噬，則其如　先府君之志，宗嗣之計何？」本文作於萬曆四十五年，前推五年，即萬曆四十一年，則知「家難」即指陳慈、陳鯨祖孫弑逆事。

明神宗萬曆四十二年甲寅（1614 年） 四十六歲

居吳縣，作〈吳門歲時記〉。

《瞻途紀聞》之〈吳門歲時記〉云：「元宵於市中擷綵竹間，繫燈其上，……二月遍遊諸山，而十九至支硎，士女艷妝，……萬曆甲寅四月初八，鹽臺楊修齡觀浴於北寺塔。四月十四呂純陽誕辰，百伎填集福濟觀，而管絃為最，……端陽觀躍龍舟於閶門，……六月二十四日遊荷花蕩，即黃天蕩南岸也，……中秋無貴賤，悉至虎丘。……中秋夜，吳人悉度曲于虎丘。……十八夜看一串月，……重陽類稱遊吳山，實不登吳山，而涉吳王郊臺之右，面石湖坐，……十月後遊，不越虎丘，亦無常期，不足紀矣，長至一如平時，無復曩時罷市。」

參子存仁約卒於萬曆四十二年至四十四年九月間，卒時作〈祭殤兒存仁文〉。

《九籥續集》卷之八〈祭殤兒存仁文〉云：「余於虎兒龍兒之亡皆有誌，今仁兒又亡，欲作誌不能矣，于其將瞑作文祭之曰：……固疑汝之來也，汝如客而吾如主，……豈汝之來痛去苦，悉以身試之，……今以藥為子之送迎，甘苦異味似乎？……嗟嗟！生灌以藥，歿澆以酒，食不下咽，飲不成歡，客亦不能懂矣，賓主失歡而散。」文中所述，存仁之亡，在龍媒之後。言父子關係如主客，指其來去倏忽。而「以藥為子之送迎」，則存仁有生之年，均在罹病苦痛中度過，可知其生命短暫。且存仁之存在不見錄於《九籥集》其他篇章，〈祭殤兒存仁文〉為惟一線索，文中又不著錄其生卒、字號、生母及生平事跡，推測其生命或許未滿周歲，或僅歲餘。

龍媒亡於萬曆三十九年，《九籥續集》卷之二〈金粟如來記〉云：「余年四十八，無子。」四十八歲為萬曆四十四年。又《九籥集》卷之八〈將遷居金陵議〉云：「重以兩兒云逝，冢嗣乏人，兢兢懼衰齡之不保。」〈將遷居金陵議〉作於萬曆四十年，「兩兒」云逝，指協虎及龍媒，未及存仁。萬曆四十一年，作〈先妣張太孺人乞言狀〉云：「又不能絕跡人世，蕃息先人之遺」，則作此狀時尚無子嗣。同年，又作書慰錢希言喪子，書云：「昔年兒亡，阿父抱痛」，因言「昔年」，則今年當非兒亡之年，且「昔年兒亡」乃指龍媒而言。年底，遇陳慈、陳鯨弒逆之家難，又云：「年踰不惑，未有冢嗣」。故存仁卒年當在萬曆四十二年後，至向金粟如來祈嗣的萬曆四十四年九月間，或其生年卒年均在此區間之中。

明神宗萬曆四十三年乙卯（1615 年）　四十七歲

適逢五年編役之期，作〈擬蘇松士夫請貼役疏〉，陳述貼役之利。

《九籥續集》卷之四〈擬蘇松士夫請貼役疏〉云：「自萬曆三十八年徐撫臺秉
鉞應天，……遂奏　請縉紳與小民一體當差，……第爾時迫於五年編役之
期，……是欲以惠民而反以害民，欲以均役而適以紊役，雖當事者，亦知捉
襟露肘之周章，然業已舉行，局難再變，因循至萬曆四十三年，復當編審之
期，縣官重違初議，一意相沿，既辜改弦易轍之望，又無更翻休息之期，將
縉紳之已承役者，沒齒憔悴于征途，豪奸之已漏役者，白首逃逋于役籍，……
仰惟　皇上軫念，……特　賜敕下戶部及各衙門酌議，或同常鎮縉紳，概免
差徭，一如　列聖二百年曠蕩之恩，或　俯從末議，除隨例優免之外，計畝
出銀，貼役交便，士民以存　祖宗，分別君子野人之意，……」

為金山衛建縣上書司理吳之甲，作〈上房師司理　吳公論改金山衛建縣不
便書〉。

《九籥續集》卷之六〈上房師司理　吳公論改金山衛建縣不便書〉云：「伏惟
聞諸道路有陳，改金山衛割華亭之半，別建新縣於　老師，　老師報可，將
上其事於　臺　司，諸老公祖意其言興縣之利，……第頃見鄉大夫先生及合
郡士庶，以懋澄濫廁　老師門下，必熟聞其說，力叩建縣之故，澄茫然不知
所對，於是二三父老攢眉蹙額，從容前進，謂澄陳建縣之害，其說有十，澄
不忍終匿其情，敬述父老之言以對。……懋澄……草莽賤士，敢及郡縣廢興，
徒以忝列　門墻，鄉紳士庶頻以　老師建縣之故，苦相窮詰，終無以對，咸
疑澄知而不言，故述父老所云，聊為敘致，又聞赴　闕有期，遂不暇修辭，
倉皇上之　記室，……況　老師五年清名自足，風起百世，又何必舉此，使
後人指為蛇足哉！」司理吳公指任松江府推官之吳之甲。

方岳貢修《〔崇禎〕松江府志》卷二十六〈推官〉「吳之甲」條記載：「茲勉，
江西臨川人，庚戌進士，萬曆三十九年任。」下一任推官「劉之待」條則記
載：「萬曆四十四年任。」楙澄上書文中言及「老師五年清名自足」、「又聞
赴　闕有期」，自吳之甲任松江府推官之萬曆三十九年起算，至萬曆四十三
年恰為五年，且吳之甲萬曆四十四年亦已去職，故本篇當作於萬曆四十三年。

五月初五日端午節，為李紹文《雲間雜志》作〈李節之雲間雜志敘〉。

〈李節之雲間雜志敘〉收錄於《九籥續集》卷之一。李紹文《雲間雜志》明刊本，序署：「乙卯端陽日，友弟宋楙澄自源甫頓首撰。」

六月十三日，於吳縣聞嫂氏喪，旋即東還。

《九籥續集》卷之二〈金姬堰東失石硯記〉云：「乙卯夏六月十三，于吳門聞嫂氏喪，買舟由葑門東還慶。」嫂氏應為楙淡妻。

遊歷蘇北。

《瞻途紀聞》之〈平山堂〉云：「廣陵有二城，平山堂……太平寺，……萬曆時刺史吳公疏，新城河築梅花嶺杏花村，余遊於壬辰夏，乙卯叩土人挪茂艸矣，其河土人至今稱利，淮安及登州咸兩城，俗呼呂字。」廣陵即江蘇江都附近。

再經山東德州苦水鋪。

《瞻途紀聞》之〈苦水鋪〉云：「諺云：『苦水鋪，神仙留一度。』佟倚市也，……乙卯再經，不勝蕭索，非若庚寅甲午，猶是綏綏。」相較於萬曆十八年及二十二年，苦水鋪繁華勝況不再。

記山東大旱，已成人間煉獄，並記山東賊黨分勢衰敗緣由。

《瞻途紀聞》之〈爨父〉云：「萬曆乙卯山東大旱，百卉俱盡，有父死子爨之，……」《明史》卷二十一〈神宗二〉記載：「萬曆……四十三年……丁巳，山東大旱，詔留稅銀振之。」

《瞻途紀聞》之〈散黨〉云：「乙卯山東賊攻城破，邀獄囚俱去，囚伴喜，請為先驅，……賊然其計，令為前導，因乘間逸去，賊黨分勢衰，且夕悉敗。」《明史》卷二十一〈神宗二〉記載：「萬曆……四十四年……秋七月……山東盜賊大起。」

秋，再經河北省河間縣。

《瞻途紀聞》之〈河間〉云：「余庚寅至己酉時往來其地，猶見採蓮之舟棹歌盈耳，乙卯秋重經其地，雖浮梁尚在，而苜蓿迷郊，嚮之茫茫，僅於秋日一見之獻縣矣。」

九月一日，作〈上　關聖帝君疏〉，陳述個人病況，祈求關聖帝君眷顧拯危。

《九籥續集》卷之二〈上　關聖帝君疏〉云：「萬曆乙卯秋九月朔，華亭賤士宋楙澄敢以香楮九頓，告急於　關聖帝君之神，……今茲仲夏，暑威是觸，

屣棄其家，扶疾而息，燕市雞鶩，不夢于腑，……丐澤丹鉛，病有加而無瘳，澄死之不懼，……幸疇昔之夜，夢大神許以拯危，覺而撫額，自慶復生，冀今而往，屏澄病魔，……」

冬，遊歷河北經白溝河。

《瞻途紀聞》之〈白溝河〉云：「成祖大戰處，水勢平衍，易水至此東注，……乙卯冬旅燕中，……」

明神宗萬曆四十四年丙辰（1616 年）　　四十八歲

正月，努爾哈赤建立後金政權，割據遼東，自此滿清興起。

鄂爾泰、張廷玉、徐本纂《清太祖努爾哈赤實錄·大清太祖承天廣運聖德神功肇紀立極仁孝睿武端毅欽安弘文定業高皇帝實錄》卷之五云：「天命元年丙辰春正月壬申朔，……率群臣集殿前分八旗序立，上陞殿，登御座，……尊上為覆育列國英明皇帝，於是上乃降座，焚香告天，……眾貝勒大臣各率本旗，行慶賀禮，建元天命，以是年為天命元年，時上年五十有八。」

第二次春試不第，歸途經山東阿井。

宋徵輿《林屋文稿》卷之十〈先考幼清府君行實〉云：「丙辰不第，歸，復居故里。」

《瞻途紀聞》之〈阿井二〉云：「阿井之泉九竅，施都官復其故，丙辰春重經井左。」阿井為山東省陽穀縣東北阿城鎮的一座水井，其水清冽甘美，可煮膠。

秋，流連山東不返。

《瞻途紀聞》之〈不藝生〉云：「丙辰夏山左霖雨，五穀綿花不種而萌，迨秋大熟，顧流離不返，千里無煙。」

九月十日，旅次吳縣，向如來佛祈子。返家後，果如願有妾於九月十三日懷孕。

《九籥續集》卷之二〈金粟如來記〉云：「余年四十八，無子，適旅吳門，友人曰：『曷不祈于金粟，應如響。』余忻然辦齋，請嗣如來，………時丙辰九月十日也，歸十三夜遂妊，敬輿至丁巳六月十五而誕，……」

《九籥後集》之〈付各家人勿執陳慈并孫鯨弒逆書〉云：「秋九月，房中有妾

懷妊，遂慨然請于恤部，先寬孫鯨之獄，……」

冬，鬱鬱寡歡。

《九籥續集》卷之二〈呂翁授藥記〉云：「自丙辰冬爲俗情所牽，遇人間事多鬱鬱，……」

明神宗萬曆四十五年丁巳（1617年）　四十九歲

春正月，妾有孕，作〈付各家人勿執陳慈并孫鯨弒逆書〉。

《九籥後集》之〈付各家人勿執陳慈并孫鯨弒逆書〉云：「秋九月，房中有妾懷妊，遂慨然請于恤部，先寬孫鯨之獄，今春正月幸復妊一妾，自揣生平不應屢沐皇天之眷，此皆　先府君　先節母積德所致，……徼天之幸，二妾之中得生一子，以繼　先府君之祀，則我死亦可無憾。」對照本譜去年〈金粟如來記〉，萬曆四十四年九月及萬曆四十五年正月有二妾懷孕，四十四年九月懷孕，至四十五年六月所生即肆子敬輿；四十五年正月懷孕，約十月或十一月出生，則爲伍子徵輿。再對照《九籥後集》楚遊下〈與張叔翹書〉云：「況弟一歲連舉兩兒」，得證敬輿、徵輿生於同年，且兩人均爲妾出，乃同父異母兄弟。徐朔方先生〈宋懋澄年譜（續）〉謂徵輿生於萬曆四十六年，當誤。

夏，養病居村，五月病劇，夢中得呂翁授藥，病癒，作〈呂翁授藥記〉。

《九籥續集》卷之二〈呂翁授藥記〉云：「丁巳遂搆疾，夏日養痾居村，五月忽不事飯，惟啜米漿，……夢入人園林，……與友人叩法師，……予歡迎曰：『吾師乎？純陽乎？』……余告以病，先生出一紙，裹藥不計，傾嚼余口曰：『君壽亦不止此。』……噫！果如師語，使我與中書君有緣，三公豈待白頭哉！若飯可復餐，……」中書君係筆的別稱。

作〈葛道人傳〉。

《九籥續集》卷之三〈葛道人傳〉有序云：「當吳擊黃建節時，懋澄適覲母南還，聞葛道人倡義，壯其事，賦〈葛成謠四章〉，後十七年，于友人陳仲醇家遇道人，讀當事功令，仲醇謂余子喜稗官家言，毋失此奇事，余廁仲醇交末，得覯異人，因作〈葛道人傳〉。」覲母南還在萬曆二十九年（1601年），十七年後即萬曆四十五年（1617年），且此時懋澄居村。另陳繼儒《白石樵真稿》卷二十二〈書葛道人〉載：「宋孝廉懋澄作，爲〈葛道人傳〉，云：『葛

道人，崑山縣人也。……』」以下錄自楙澄〈葛道人傳〉，惟文字略有增刪。

六月十五日，肆子敬輿出生，生母沈氏。宋敬輿，字轅生，小字金兒。

《九籥續集》卷之二〈金粟如來記〉云：「敬輿至丁巳六月十五而誕，小字金兒，識不忘所自。」嘉慶《松江府志》卷六十四〈列女傳一〉「贈大理寺少卿宋懋澄繼妻施氏」條云：「及懋澄卒，氏年未三十，遺二子徵岳、徵輿，皆四歲。」徵岳或爲敬輿別名，或方志之記載有誤。

宋徵輿《林屋文稿》卷之十〈亡兄太學生轅生府君墓誌銘〉云：「我伯氏諱敬輿，字轅生，……先考艱于舉子，年四十九始生府君暨徵輿，府君實先考之宗子也，姿形魁斥，舉止磊落，少時意氣，豪宕自喜，……因倣爲詩文，尤長于詞曲，……有《芳洲集》行世，雅愛音樂，……府君生于天命丁巳六月十六，……」宋徵輿記載兄宋敬輿生於後金天命二年六月十六日，時明祚尚存，即明神宗萬曆四十五年，此與宋楙澄對宋敬輿之生日紀錄相差一日，茲以爲人父者之紀錄爲主。

側室沈氏，即敬輿生母，卒於萬曆四十五年至四十八年之間。

宋徵輿《林屋文稿》卷之十〈亡兄太學生轅生府君墓誌銘〉云：「嗚呼痛哉！徵輿與府君皆四歲而孤，府君生母沈氏已前卒，施太君育之如己生，我生母張淑人相佐保護，故自幼晨夕相依，三十年如一日。」側室沈氏，卒於敬輿一歲至四歲之間。

沿長江遊歷華中，遊蹤自浙江杭州起，進入江西，再入湖北，由湖北武昌隨長江向東而下，經安徽後，回到南京。《九籥續集》卷之十共一百則，《九籥後集》江楚雜詩二十五則，均爲萬曆四十五年八月至十二月間遊歷之作。

《九籥續集》卷之十〈梟旌錄敍〉云：「迄丁巳復從武林之江右，不覺二十五年矣，復自武昌隨江東下，息肩金陵，山川如故，而老壯異情，爲之愴然。」

秋，入浙江杭州，遊覽西湖勝景。

《九籥續集》卷之十〈西湖〉云：「丁巳秋日，買舟從武林昭慶，經斷橋而入，西繞孤山之北，北望山下，多園林之勝，抵岳武穆墓，鼓楫南泛，……六堤在艇之左，因抵雷峰，東謁錢忠肅祠，經湧金門，復迴心亭，登西湖書院，再入斷橋，登大佛寺而陸，……」昭慶寺在西湖北岸，孤山在杭州市，斷橋在孤山邊，爲西湖勝景之一，岳飛墓亦在西湖邊。

八月十七日，往觀浙江錢塘潮。作〈渡錢塘寄故鄉〉。

《九籥續集》卷之十〈觀潮〉云：「余以丁巳八月十七觀錢塘潮。」

《九籥後集》楚遊下〈渡錢塘寄故鄉〉云：「湖海豈易涉，出門不畏人，……」

九月，登江西白狐嶺。作〈發章江寄朱叔熙〉。

《九籥續集》卷之十〈白狐嶺〉云：「……在嶺西南，其形如連珠，而中細南昌之祖，山至白狐而復起小宗，余于丁巳九月登之，……」

《九籥後集》楚遊下〈發章江寄朱叔熙〉云：「何處藏名更有天，今朝又泛武昌船，……」章江在江西南昌。朱叔熙，名本洽，萬曆四十一年癸丑科進士。

遊歷湖北，作〈遊石照山記〉、〈武昌寄和劉玄度〉四首、〈遊洪山寺記〉、〈望岳武穆樹〉、〈登洪山寺浮屠〉。十月五日遊大別山，作〈遊大別山記〉。又作〈懷小別山寄彭蠡故人〉、〈遊赤壁記〉、〈赤壁望武昌西山〉、〈巴河觀紅樹記〉、〈巴河夜發聽榜人歌〉。

《九籥後集》楚遊上〈遊石照山記〉云：「江至武昌西城而南折，是爲黃鶴樓，枕江酉嚮，當西流爲白沙洲，……」

《九籥後集》楚遊下〈武昌寄和劉玄度〉有註云：「時雲居師已歿。」〈武昌寄和劉玄度・其二〉亦有註云：「玄度居百花洲南。」劉玄度，字雲居，爲梾澄師輩。

《九籥後集》楚遊上〈遊洪山寺記〉云：「寺僧朗若稱九峰洪山之勝，九峰爲無念道場，程遠不可問，洪山在望，謀躡屐焉。會友人李進卿招飲，因請挈楛洪山，進卿許諾。……由北麓入東門道，經武穆祠，……」李應選，字進卿，爲《九籥後集》楚遊下之校者。

《九籥後集》楚遊下〈望岳武穆樹〉云：「……浪遊輕別去，期與鶴俱來。」

《九籥後集》楚遊下〈登洪山寺浮屠〉云：「涉歷未能曲，前途事可知，雲霄無限路，或有見容時。」

《九籥後集》楚遊上〈遊大別山記〉云：「余於十月五日自武昌晨興渡江，抵漢陽漢川門，登晴川樓，南望江夏，最西爲黃鶴樓，其次石照山，又次黃鶴、鳳凰、梁城諸山，晨霧障之，佇以俟其開，始如畫之米，中如畫之王，終如畫之李矣。」

《九籥後集》楚遊下〈懷小別山寄彭蠡故人〉，小別山在湖北漢陽縣北。

《九籥後集》楚遊上〈遊赤壁記〉云：「東坡所遊者，江北黃州之赤鼻山，……後官黃州者，念東坡所至，輒有西湖，因改磯窩爲西河，以補守黃之缺，其勝果屬於西，波光千頃，下臨絕壁，北更空闊，淺處輒成沙堤，綠楊寄跡焉，亦鴈鶩之逆旅也，……」

《九籥後集》楚遊下〈赤壁望武昌西山〉云：「煙含遠樹露微紅，望斷吳王避暑宮，……」

《九籥後集》楚遊上〈巴河觀紅樹記〉云：「是夜托宿於長年李氏，李氏昆仲皆少年，具壺漿雞黍執主人禮，……及反自楚，復泊巴河，夕陽在山，振衣北岡，時屬霜候，紅樹萬千，近者亦在里外，……返自舟中，新月侵舷，……」李氏昆仲指李進卿兄弟。霜候指霜降，爲二十四節氣之一，是秋天最後一個節氣，約在農曆九月底。從「新月」觀之，遊巴河當在十月初。

《九籥後集》楚遊下〈巴河夜發聽榜人歌〉有註云：「時余將抵秣陵。」

東還，沿長江而下，作〈嘲小姑〉、〈望匡廬寄道友堅林〉。

《九籥後集》楚遊下〈嘲小姑〉、〈望匡廬寄道友堅林〉。小孤山位於安徽省宿松縣城東南六十五公里的長江之中，南與江西彭澤縣僅一江之隔，西南與廬山隔江相望，是萬里長江的絕勝。

抵南京，作〈白下囑夢〉、〈即事倩楊柳嘲麗人〉。

《九籥後集》楚遊下〈白下囑夢〉云：「戲囑氷池夢，今宵試一回，霜繁魂易斷，雲度鴈應猜。戍鼓非相促，雞聲不忍催，客中無个事，慢逐曉光來。」

《九籥後集》楚遊下〈即事倩楊柳嘲麗人〉云：「沙堤楊柳近長干，嫩綠肥來豈耐看，……」長干里在南京秦淮河畔。

十月或十一月，伍子徵輿出生，生母張氏。宋徵輿，字轅文，一字直方，號林屋。

宋徵輿《林屋文稿》卷之十〈先考幼清府君行實〉云：「丁巳舉二子，時府君年四十九，慨然作而嘆曰：『我無家嗣，不能不爲蒸嘗憂，今有子，身可以報國矣。』」同書卷之五〈江南雜詩自序〉云：「不佞以萬曆丁巳生。」

據嘉慶《松江府志》卷五十六〈古今人傳八〉「宋徵輿」條云：「宋徵輿，字

轅文，華亭人，順治四年（1647 年）進士，授刑部江西司主事，晉員外郎中，出爲福建布政使右參議兼按察司僉事，提督學政，內擢尚寶卿，歷宗人府府丞，久之晉左副都御史，卒年五十。……嘗共選明詩行世，學者宗之，著有《林屋詩鈔》。」

光緒《重修華亭縣志》卷十六〈人物五〉「宋徵輿」條云：「宋徵輿，字直方，一字轅文，號林屋，懋澄子，順治四年進士，授刑部主事，晉員外郎中，出爲福建布政使右參議，提督學政，擢尚寶卿，歷官左副都御史，卒年五十。」

光緒《奉賢縣志》卷十一〈人物志二〉「宋徵輿」條云：「徵輿少負才名，工詩賦，與同里陳子龍、李雯稱雲間三子。子龍負盛名，於當世詩家無所讓，而獨推重徵輿，以爲出己上。嘗共選明詩行世，學者宗之。其在閩中，又有《全閩詩選》。著《林屋詩草》，吳偉業爲之序。」

光緒《奉賢縣志》卷二十〈雜志〉「遺事」條云：「宋堯俞墓，江右劉小仙所擇，王達宇先生參定之。用丁巳、丁亥分金，時幼清先生艱于舉子，小仙曰：『生子在巳年，以亥年貴。』後果丁巳生子，猶疑鄉會試無亥年，及順治丁亥開科，仲子徵輿登第，其言果驗。」宋徵輿生於明神宗萬曆四十五年丁巳（1617 年），清世祖順治四年丁亥（1647 年）登進士第。

王士禎《池北偶談》卷二十二〈宋孝廉數學〉云：「雲間宋孝廉幼清，副都御史直方父也，精數學。直方生時預書一紙，緘付夫人曰：『是子中進士後，乃啓視之。』至順治四年丁亥（1647 年）捷南宮，開前緘，有一行字云：『此兒三十年後當事新朝，官至三品，壽止五十。』後果於康熙丙午以宗人府丞遷副都御史，至三品。明年丁未（1667 年）卒官，年正五十也。」

宋徵輿《林屋文稿》卷之十〈亡兄太學生轅生府君墓誌銘〉云：「府君生母沈氏已前卒，施太君育之如己生，我生母張淑人相佐保護。」則徵輿生母爲張氏。

十二月，於南京作〈與張叔翹書〉，並與魏知字相交，作〈松石記〉。

《九籥後集》之〈與張叔翹書〉云：「金陵得徵美兄書，……即今而訪友金陵，……自八月離家以迄于今，計五月矣，……況弟一歲連舉兩兒，於情又不能恝，而回首文戰，爲時幾何？是以不忍復歸，歸且無暇也。」徵美指王獻吉。今年八月出遊，至十二月恰爲五個月。嘉慶《松江府志》卷五十四〈古今人傳六〉「張所望」條云：「張所望，字叔翹，上海人，居龍華里，萬曆二

十九年進士。」

《九籥續集》卷之二〈松石記〉云：「丁巳遊金陵，與魏公子知宇交。」

明神宗萬曆四十六年戊午（1618 年）　五十歲

四月，努爾哈赤誓師征明，包圍撫順，明游擊李永芳率守軍五百餘人投降。又與明援軍大戰於撫順城外，總兵張承胤、副總兵頗廷相戰死，此即「撫順之戰」，後金大勝，揭開遼東戰爭序幕。七月，努爾哈赤親率大軍攻破清河城，副總兵鄒儲賢所領明軍被殲。兩次戰爭合稱「撫清之戰」。

《明史》卷二十一〈神宗二〉記載：「萬曆……四十六年……夏四月甲辰，大清兵克撫順城，千總王命印死之。庚戌，總兵官張承胤帥師援撫順，敗沒。閏月庚申，楊鎬爲兵部左侍郎兼右僉都御史，經略遼東。……秋七月丙午，大清兵克清河堡，守將鄒儲賢、張旆死之。」清河堡在今遼寧本溪市東北。

鄂爾泰、張廷玉、徐本纂《清太祖努爾哈赤實錄‧大清太祖承天廣運聖德神功肇紀立極仁孝睿武端毅欽安弘文定業高皇帝實錄》卷之五云：「天命三年戊午……夏四月……壬寅己刻，上率步騎兵二萬征明，……甲辰昧爽往圍撫順城，執一人遺書諭遊擊李永芳降，……永芳遂冠帶乘馬出城降。……明廣寧總兵張承廕、遼陽副將頗廷相、海州參將蒲世芳，聞我軍已下撫順、東州、馬根單諸處，率兵一萬來追，……明兵不能支，遂遺破，其三營死者相枕藉，陣斬總兵張承廕、副將頗廷相、參將蒲世芳、遊擊五人及千把總五十餘人。……秋七月丁亥朔丙午，上率諸貝勒大臣統大軍征明，進鴉鶻關，圍清河城，副將鄒儲賢以兵一萬固守城，……明兵皆潰，遂拔其城，鄒儲賢及兵萬人俱死焉。」不著撰者《清太祖武皇帝弩兒哈奇實錄‧大清太祖承天廣運聖德神功肇紀立極仁孝武皇帝實錄》卷之二亦載有此役。

客居江蘇廣陵，生活節儉。

《九籥續集》卷之九〈師嗇解〉云：「戊午客廣陵，每事纖嗇，經月會出，視他月省十之五自快，率此可無囊空之嘆。」

冬，為明年春試晉京，遊歷薊左，採集遼東戰事的傳聞。

《九籥續集》卷之九〈□□遺事〉云：「戊午冬予遊薊左。……及還燕京，亦以□乏食爲喜，……□□破清河先一日，其子猶與張總戎夜飲極洽，酒酣二

子忽叩張云：『屢勸家君止戈而壯心不已，假令終違苦心，元戎何策禦之？』總戎時已醉，盛稱中國威德，兼揚己長，二子微笑而別，明日驅貂參車數十乘入城，貂參窮而軍容見，因內據城門，延入諸騎，故清河之破，視撫順尤速。一云李永芳……戊午冬慮中國進討，凡險峻處，皆掘坑塹伏兵，山隘所居，沃水作冰城，此成祖保燕京故事也，……」薊左，即今河北省薊縣東。

為母親張氏上書，題請建牌坊。

《〔崇禎〕松江府志》卷之四十三〈賢媛〉云：「張氏，孝廉宋堯俞妻，萬曆四十六年，子孝廉懋澄題請旌表。」旌表指官府為表揚忠孝節義之人，所頒賜的牌坊或匾額。楙澄萬曆四十一年已作〈先妣張太孺人乞言狀〉，當時獲頒匾額，此或為第二次上書，文不見錄於《九籥集》中，但就萬曆四十八年奉旨建張氏貞節坊觀之，此次上書主要訴求應即為建坊。

明神宗萬曆四十七年己未（1619 年）　五十一歲

二月，明朝決意北征，以楊鎬為遼東經略，總兵李如柏、杜松、劉綎、馬林分四路，直撲薩爾滸。三月，杜松、劉綎戰死，馬林敗北，史稱「薩爾滸之戰」，後金大勝。六月，後金下開原，馬林戰死，明朝命熊廷弼為兵部右侍郎兼右僉都御史，代楊鎬經略遼東。七月，努爾哈赤攻占鐵嶺。兩戰役合稱「開鐵之戰」。

《明史》卷二十一〈神宗二〉記載：「萬曆……四十七年春二月乙丑，經略楊鎬誓師於遼陽，總兵官李如柏、杜松、劉綎、馬林分道出塞。三月甲申，杜松遇大清兵於吉林崖，戰死。乙酉，馬林兵敗於飛芬山，兵備僉事潘宗顏戰死。庚寅，劉綎兵深入阿布達里岡，戰死。……六月丁卯，大清兵克開原，馬林敗沒。癸酉，大理寺丞熊廷弼為兵部右侍郎兼右僉都御史，經略遼東。」

《明史》卷二百五十九〈熊廷弼〉記載：「萬曆……四十七年，楊鎬既喪師，廷議以廷弼熟邊事，起大理寺丞兼河南道御史，宣慰遼東。旋擢兵部侍郎兼右僉都御史，代鎬經略。未出京，開原失，……且賜尚方劍重其權。甫出關，鐵嶺復失，瀋陽及諸城堡軍民一時盡竄，遼陽洶洶。……」

鄂爾泰、張廷玉、徐本纂《清太祖努爾哈赤實錄・大清太祖承天廣運聖德神功肇紀立極仁孝睿武端毅欽安弘文定業高皇帝實錄》卷之六云：「天命四年……二月……明萬曆帝……集大兵來攻，……期於三月一日出邊，分四路

進攻，並趨我都城。……三月甲申朔，……杜松……自引兵圍吉林崖仰攻我兵，……遂大破其眾，明總兵杜松、王宣、趙萬麟等皆沒於陣，……是夜明總兵馬林兵營於尙間崖，……又潘宗顏一軍……營飛芬山，……明兵不能支，又大敗遁走，……明副將麻岩及大小將士皆陣沒，總兵馬林僅以身免。……宗顏全軍盡沒。……劉綎所率精銳……將趨登阿布達里岡布陣，……綎倉卒不及陣，……劉綎戰死。……是役也，明以傾國之兵，雲集遼瀋，又招合朝鮮、葉赫，分路來侵，五日之間，悉被我軍誅滅。……時明經略楊鎬駐瀋陽，聞三路兵敗，大驚，急檄總兵李如栢、副將賀世賢等回兵，……六月……辛酉上率兵四萬取明開原城，……盡殲之，鄭之範先遁得脫，馬林、于化龍、高貞、于守志、何懋官皆歿。……七月……上率貝勒諸臣統兵攻明之鐵嶺，……兵驚潰陣，斬喻成名、史鳳鳴、李克泰，盡殲其眾。」不著撰者《清太祖武皇帝弩兒哈奇實錄‧大清太祖承天廣運聖德神功肇紀立極仁孝武皇帝實錄》卷之三亦載有此役。

春，第三次春試不第，南還，護送客死異鄉之同郡沈鍠及潘衷晙兩孝廉棺木歸鄉。

嘉慶《松江府志》卷五十五〈古今人傳七〉「宋懋澄」條云：「三上春官不第，卒。」

宋徵輿《林屋文稿》卷之十〈先考幼清府君行實〉云：「……今有子，可以報國矣。故己未之役益自奮，竟以積勞遘疾，不得第。時海上潘衷俊、松陵沈煌俱以公車先後卒，喪不成且不能歸，府君傷之，爲具棺襝，護其喪南下經紀，甚至此兩人非有素也，時論高之。」

姚希孟《松瘿集》卷之二〈書宋幼清事〉云：「己未之役，余受鹵莽知，而幼清失意南歸，其時同鄉孝廉一曰沈煌，一曰潘衷俊，皆病卒，旅資既失，奴僕並散，喪不能歸。此二人雖有才藻，而先與幼清不甚相知，卒信聞吾黨，咸共嗟嘆，幼清慨然曰：『某雖落羽，豈可使二公露骨京師哉！』于是經紀其喪，護至兩家，至欲爲幼清立生主，幼清謝不敢當也，周黃等咸服其德誼。」

陳子龍《安雅堂稿》卷十三〈宋幼清先生傳〉云：「嘗三試宗伯竟不第。……計偕京師有同郡潘君、沈君，俱以公車前後卒，不成喪，此兩君與先生無素，慨然爲經紀，甚至且護其喪南還，士論義之。」

張朝瑞編《南國賢書》記載：「萬曆四十年壬子科，……沈鍠（排名第一百

一十），吳江，附生，《書》。……萬曆四十三年乙卯科，……潘衷晙（排名第一百四十四），青浦，增生，《詩》。」二人與楙澄均爲春試而進京趕考，未料竟客死異鄉。

作〈東征紀畧〉、〈□□遺事〉及〈跋後〉，兼以病啖嘔血。

《九籥續集》卷之九〈東征紀畧〉有序云：「萬曆四十七年」。又云：「己未仲春二十有二日，出師先一日，京師大風，……」同卷〈□□遺事〉則載楙澄遊歷薊左時，有關努爾哈赤之見聞，篇末云：「師托跋佛狸故智。」又同卷〈跋後〉云：「余己未南還，病啖嘔血，不聞東征事。於洳河遇尚寶岱芝、姚先達，始聞喪師之詳，……夏月旅金昌，馮元成先生索聞見于邸報外，兼令陳之楮墨，夜歸然燈，聊述蕪薊南還所聞，因付剞劂，省應對親知之煩。……先生素以國士遇，余多病自廢，……有故置成敗勿論。所善陳仲醇，聞其備集遼事，貽之以識江漢之宗。」洳河在蘇北，金昌當指吳縣之金閶，夏月指四至六月。

以〈跋後〉所述來比對，可以推論楙澄於己未（萬曆四十七年）南還後，遇三友人始知東征喪師之詳，作〈東征紀畧〉，又應恩師馮元成之要求，續作遊歷薊東之見聞〈□□遺事〉，之後再作〈跋後〉，敘明撰稿始末，故三篇均作於今年。至於〈□□遺事〉，篇名中之墨釘，推測爲「奴酋」二字，因通篇均載後金政權的建立者努爾哈赤的事迹，他是滿清王朝的眞正創始者與奠基者，而明朝朝野對當時興起於中國東北的滿族首領努爾哈赤的辱稱即爲「奴酋」。

宋徵輿《林屋文稿》卷之十〈亡姊殯誌〉云：「亡姊名琛，……越六歲而其二弟生，又三歲而先君疾，疾則使二子朝，二子俱三歲，每朝必四揖，……未幾先君卒。」文中述「先君疾」與楙澄「病痰嘔血」的時間吻合，且今年二子均三歲，明年楙澄病逝。

作〈春日雜興詩序〉。

《九籥續集》卷之一〈春日雜興詩序〉云：「自癸丑迄己未，三刖遂推撞思息機，……」指參加春試三次均未能及第事。本篇作於萬曆四十七年春試落第後，有壯志未酬「心」先死的感慨。

秋，與竟陵譚元春於南京相會。

譚元春《譚友夏合集》卷之十八《嶽歸堂已刻詩選》〈從俞羨長讀宋幼清《九

籥集》，宋復以長歌見贈）詩云：「俞君示我集《九籥》，恍從地底見巒嶽。江南骨體傷秀媚，此君出語何淵博。書等于身文充屋，把君半帙見君腹。寥寥晨星不幾人，相與撐支若一木。曉見山雲暮已掃，回首螢光即腐草。感慨萬事不肯言，向我但言官妓好。此身只在南都裏，出門相見動十里。何況扁舟歸去來，漠漠新秋點江水。」南都即南京。今本《九籥集詩》卷之一有樂府詩〈官妓好痛積金也〉，且爲「友人俞安期羡長甫校」，《九籥集》卷之六有「友人譚元春友夏甫校」字樣。觀譚詩所述，時二人爲初見。楙澄贈詩今已佚，《九籥集》中未存。又《譚友夏合集》卷十六有〈得宋叔意書寄懷〉一首。

《譚友夏合集》卷之十八爲《嶽歸堂已刻詩選》。據同書卷之十一《鵠灣文草》之〈游南嶽記〉云：「丙辰三月，譚子自念其爲楚人，忽興蔡先生言，我且欲之嶽，于是遂之嶽。」知此游在萬曆四十四年，詩必作於此後。又同書卷之十《鵠灣文草》之〈期山草小引〉云：「己未秋闈逢王微於西湖，以爲湖上人也。」又卷之八《鵠灣文草》之〈長安古意社序〉云：「庚申歲，予在西湖看兩山紅葉，……」己未爲萬曆四十七年，庚申爲四十八年，則譚元春記宋幼清此詩應作於今年或明年秋天。又楙澄卒於明年冬天，且《九籥集》中諸作寫作時間最遲至今年止，則譚元春與楙澄於今年秋天會面的可能性較高。

九月，同年白正蒙卒，弔喪歸而作〈訓子書〉。

宋徵輿《林屋文稿》卷之十〈先考幼清府君行實〉云：「己未之役……不得第，……是年白爾亨先生亦卒，白諱正蒙，與府君同舉於鄉，癸丑進士，精數學，能先知，嘗爲府君言：『我兩人將先後亡，不出兩歲。』且具言時日，詳在姚太史現聞先生記事中。其卒也，府君哭之慟，歸預爲〈訓子書〉萬餘言，原本忠孝，如六經旨。」〈訓子書〉今不存。

姚希孟《松癭集》卷之二〈書宋幼清事〉云：「白爾亨……忽語幼清，我與君情性相關，意氣無間者，以當勠力中原，爲朝庭芟除禍亂也。然我數盡某歲，君數盡某歲，二十年後，天下方亂，而我兩人不得成廓清之功，奈何！幼清大駭，謂白豈有異術，即如此可解免否，白泣下數行，不答而去。幼清雖惡之，尚不甚信。及白果以某歲卒，幼清始知不免，因往吊白喪，歸便嘔血數升，處分家事，作〈訓子書〉二千餘言，其卒期果如白所說。」

李延昰《南吳舊話錄》卷二十〈感憤〉「宋孝廉」條記載：「宋孝廉幼清久困

公車，鬱鬱不得志，萬曆季年，每與密友論世事，拍案曰：『古今經綸天下，要須付之一二有心膽人。』友曰：『豈今人心膽皆不可問？』幼清大笑曰：『苟不戴進賢冠，高視闊步，心膽著之何處？』屈指曰：『天下將有兵，不出二十年矣，我幸不及見，又恨不及見也。』輒為流涕，後卒如其言。」密友或指白正蒙，萬曆季年當為落第之萬曆四十七年。

王士禛《帶經堂集》卷九〈書宋孝廉事〉云：「……又嘗與淮南白孝廉某同年友善，白亦精數學。一日，宋晨起謂夫人曰：『今年九月某日，白君當死，渠無子，我當渡江取別，為治後事。』遂買舟渡江。比至，白已候門迎，笑曰：『我固知兄今日必來相送。』遂閉門，相對痛飲數日。至期，白無病而逝。楙澄為治後事畢，乃歸，歸謂夫人曰：『白君事已完，吾明年三月亦逝矣。』如期而卒。」則白正蒙卒於明神宗萬曆四十七年九月。另楙澄卒於明年十一月，非為三月。

吳偉業《梅村家藏藁》卷弟四十七〈宋幼清墓誌銘〉云：「同年白公正蒙，精數學，能前知，嘗為公言：『我兩人將先後亡，不出兩歲。』具刻時日，其卒也，公哭之慟。」

陳子龍《安雅堂稿》卷十三〈宋幼清先生傳〉云：「先是先生與晉陵白進士正蒙善，白有異術，能先知亡期，嘗謂先生曰：『我與若皆以某年月卒。』及期，白果卒。」

明神宗萬曆四十八年庚申（八月後為明光宗泰昌元年，九月後明熹宗即位）（1620 年）　五十二歲

秋，奉旨建母親張氏之貞節牌坊於華亭米市里。

宋徵輿《林屋文稿》卷之十〈先考幼清府君行實〉云：「庚申秋，直指使者克以張太夫人之節上聞，奉旨建坊，坊既成，輿疾拜詔如禮。」

據嘉慶《松江府志》卷六十四〈列女傳一〉「贈大理寺少卿宋堯俞妻張氏」條云：「時幼子楙澄方九歲，誨導甚嚴，惡衣敝食，惟恐少過，廉知嬉游，必加榎楚，略不假借。澄幼即好持論，嘗戒之曰：『余聞之，夫子不德而辨，禍必及也，今孺子未嫻明德而擅訾古人，禍之招也。持此立心則刻，處世則險，刻必得罪於天，險必得罪於人，吾不知所終矣。』澄奉　慈訓，卒以成名。萬曆庚申，奉旨建貞節坊。」同書卷七十九〈疆域志〉載華亭縣坊表「旌

節」類云：「坊凡十七，……一在米市橋東，爲宋堯俞妻張氏立。」又《古今圖書集成・明倫彙編・閨媛典》第二百一卷〈閨節部〉「宋堯俞妻張氏」條云：「按《松江府志》，張氏，贈大理少卿宋堯俞妻，……楙澄奉慈訓，卒以成名。萬曆庚申，奉旨建坊於米市里。」米市里即楙澄故居所在之地。

光緒《重修華亭縣志》卷十八〈列女上〉「贈大理寺少卿宋堯俞妻張氏子舉人楙澄繼妻施氏」條云：「……張氏誨導甚嚴，楙澄幼好持論，氏誠之曰：『余聞不德而辨，禍必及焉，孺子未嫻明德而擅訕古人，禍之招也。立心刻，處世隘，必得罪於天人，吾不知所終矣。』楙澄奉母訓，卒以成名，氏於萬曆四十八年旌。」同書卷二十一〈名蹟・坊表〉云：「縣治東……旌節坊五，一爲……，一爲宋堯俞妻張氏立，在米市橋東塊，今僅存柱石。」

光緒《奉賢縣志》卷十四〈列女志上〉「宋堯俞妻張氏」條云：「……幼子楙澄方九歲，課讀甚嚴，楙澄幼好高論，嘗戒之曰：『余聞之，夫子不德而辯，禍必及焉，今孺子不務修德而高其議論，持此立心則刻，處世則隘，刻必得罪於天，隘必得罪於人，吾不知所終矣。』楙澄奉　慈訓，卒以成名，萬曆四十八年，建坊於米市塘。」

十一月十七日，卒於華亭米市里，享年五十二歲。

宋徵輿《林屋文稿》卷之十〈先考幼清府君行實〉云：「庚申秋，……至十一月十七日，終于華亭之米市里，距己巳生六月初九日，享年僅五十有二耳。」

嘉慶《松江府志》卷六十四〈列女傳一〉「贈大理寺少卿宋楙澄繼妻施氏」條云：「及楙澄卒，氏年未三十，遺二子徵岳、徵輿，皆四歲。」

吳偉業《梅村家藏藁》卷弟四十七〈宋幼清墓誌銘〉云：「（現聞）先生又汍然流涕曰：『幼清亡矣，余哭之，見其孤藐然也，甫四歲。』」現聞即姚希孟先生，楙澄卒時，二子敬輿、徵輿甫四歲。

陳子龍《安雅堂稿》卷十三〈宋幼清先生傳〉云：「先生知不免，爲〈訓子書〉萬餘言，如期竟卒，年五十有一。」楙澄享年五十二歲，本傳之記載有誤。

《皇明經世文編》五百二「宋幼清《九籥集》〈東征紀畧〉卷末楙澄堂侄宋徵璧有記云：「徵璧幼時受經于先世父，每見世父談論今古如懸河瀉溜，頃刻不停，恨未展其用，齎志以歿。李本寧、陳眉公兩先生稱其有封侯之骨，而不遇時，詎不信哉！」

歸莊《歸玄恭文續鈔》云：「松江宋楙澄，某科舉人，今副憲徵輿之父也。通讖緯之學，頗懷忠義。臨終時謂家人曰：『後幾十年，建州當主中國，我子孫不許仕於其朝。有違我戒者，不許上我墓。』又指在抱之兒曰：『是子恐不免。』即徵輿也。蓋茂澄夜夢胡服者入門，遂生徵輿，故預決之。後徵輿中順治幾年進士，至康熙六年而死，終身不敢上父之墓。」

光緒《重修華亭縣志》卷十八〈列女上〉「贈大理寺少卿宋堯俞妻張氏子舉人楙澄繼妻施氏」條云：「楙澄沒，施年未三十，與妾張氏，竝以節聞。」

光緒《奉賢縣志》卷十四〈列女志上〉「蕭塘宋楙澄繼妻施氏」條云：「楙澄歿，氏年未三十，遺孤徵輿方四歲，守節垂三十年。」

謝廷讚《步丘草》卷之四〈賀宋幼清夫人四十初度時重九後一日〉云：「大瑙出入共于飛，百行還同四德輝，……九如壽母春無恙，三祝宜男願不違，……」宋幼清夫人指施氏，兩人尚共度施氏四十歲生日，時未有兒，三方志所謂「年未三十」，當誤。

明思宗崇禎七年甲戌（1634 年）

繼妻施氏無疾而卒。

宋徵輿《林屋文稿》卷之十〈先考幼清府君行實〉云：「繼配施孺人，後府君十五年卒，以節孝聞于郡邑，別爲傳。子三人，協虎爲楊孺人出，早殤，次敬輿、徵輿。……女一人名琛，適茂才許方盛，夭卒。」

宋徵輿《林屋文稿》卷之十〈亡姊殯誌〉云：「甲戌，施夫人卒，姊哀甚，若失性者。」

吳偉業《梅村家藏藁》卷弟四十七〈宋幼清墓誌銘〉云：「公初娶楊人，繼娶施孺人，先後以孝聞，……張太孺人歿，公免喪後復遠遊，所至必與施孺人偕，稱賢助，凡後公十五年而卒。」楙澄卒於明泰昌元年（1620 年），至崇禎七年（1634 年），正爲十五年。

嘉慶《松江府志》卷六十四〈列女傳一〉「大理寺少卿宋楙澄繼妻施氏」條云：「……及二子壯有室，牽婦廟見，喜曰：『……今日得爲姑見兩婦，我無負先姑矣。』一日，無疾而逝。」

光緒《奉賢縣志》卷十四〈列女志上〉「蕭塘宋楙澄繼妻施氏」條云：「吳縣人，事姑孝，姑亡，楙澄方試北雍，氏殯斂如禮。楙澄歸泣謂所親曰：『使

我無附身附棺之恨者，婦之力也。』懋澄歿，氏年未三十，遺孤徵輿方四歲，守節垂三十年，及見其子成名，無疾而終。」

明思宗崇禎八年乙亥（1635 年）

楙澄長孫，即徵輿長子泰淵生。

> 宋徵輿《林屋文稿》卷之十〈亡兄太學生轅生府君墓誌銘〉云：「泰淵，婁縣貢生，生于天聰乙亥，後府君六年卒，爲康熙乙巳。」長孫泰淵（一作太淵），生於後金太宗天聰九年，即明思宗崇禎八年。

明思宗崇禎十一年戊寅（1638 年）

敬輿、徵輿兄弟葬亡父楙澄與亡母楊氏、施氏於上海黃浦江之鶴涇。敬輿命徵輿作〈先考幼清府君行實〉。

> 宋徵輿《林屋文稿》卷之十〈先考幼清府君行實〉云：「嗚呼！先君之卒也，其孤敬輿、徵輿俱四歲，不克襄葬，踰十八年始克葬。敬輿乃告其弟徵輿曰：『維我考有顯，德行聞于家于鄉于國者，爾既獲知，其勿使遺，悉次顛末，我將獻之大君子，乞誌銘焉。』徵輿瞿然受命，因屬繫所聞爲行實。」

> 吳偉業《梅村家藏藁》卷弟四十七〈宋幼清墓誌銘〉云：「崇禎十有三年，吾友雲間宋轅生、轅文兄弟，葬其先君幼清公，偕配楊孺人、施儒人於黃歇浦之鶴涇，而屬余以書曰：『子固習知我公者也，不可以無銘。』嗚呼！公之亡距今十八年矣。……」黃歇浦即黃浦江。楙澄卒於明泰昌元年（1620 年），敬輿、徵輿於十八年後合葬父母，吳偉業亦云「公之亡距今十八年」，故應爲明思宗崇禎十一年（1638 年）。〈宋幼清墓誌銘〉所云葬父時間爲崇禎十三年（1640 年），當誤。

> 嘉慶《松江府志》卷七十九〈名蹟志〉奉賢縣冢墓「贈大理寺少卿宋堯俞墓」條云：「在瑤涇，馮時可志銘，子懋澄祔。」

明思宗崇禎十四年辛巳（1641 年）

三女宋琛卒，年僅三十。

> 宋徵輿《林屋文稿》卷之十〈亡姊殯誌〉云：「庚辰患嘔血，醫曰：『是疾也，不可以思。』姊不聽，屬文不休，餘人莫敢諫，余偕盛子說之萬端始止，然

疾不可爲矣。……予走歸告我兄，偕往則已卒矣，年僅三十，男一人，女一人，所著有〈秋艸賦〉、〈梅樹賦〉、〈爲漢女巫詛匈奴文〉、〈鞠蔡琰文〉、〈非左丘明〉、〈貶宋其姬〉，文詩最多，四百餘篇，總曰《嬋媛集》，有屈騷之志焉。」宋琛約生於明神宗萬曆四十年（1612 年），後推三十年，約爲明思宗崇禎十四年（1641 年）。

清世祖順治四年丁亥（1647 年）

伍子徵輿中丁亥科進士。

> 嘉慶《松江府志》卷五十六〈古今人傳八〉「宋徵輿」條云：「宋徵輿，字轅文，華亭人，順治四年進士。」

清世祖順治九年壬辰（1652 年）

十一月，側室張氏，即徵輿生母卒。

> 宋徵輿《林屋文稿》卷之十四〈遵例自陳疏〉云：「順治……，九年十一月內丁憂，回籍守制。」

清世祖順治十年癸巳（1653 年）

楙澄以子徵輿貴，贈朝議大夫福建布政使司右參議兼按察司僉事，楊氏贈恭人，張氏封太恭人。

> 宋徵輿《林屋文稿》卷之十〈庚子八月初七日以　誥贈二代改題神主恭記先大夫行實後〉云：「徵輿視學閩中遇　覃恩，考幼清府君贈朝議大夫福建布政使司右參議兼按察司僉事，妣楊氏贈恭人，生母張氏封太恭人，入爲大理寺少卿。」

> 宋徵輿《林屋文稿》卷之十〈亡兄太學生轅生府君墓誌銘〉云：「考幼清府君諱懋澄，……　皇朝初贈朝議大夫福建布政使司右參議兼按察司僉事，……」

> 宋徵輿《林屋文稿》卷之十四〈遵例自陳疏〉云：「順治五年……，七年四月……本年九月內，考陞福建布政使司右參議兼按察司僉事提調學政，九年十一月內丁憂，回籍守制，十年七月內，禮部考覈稱職，本年八月內，吏部題覆准陞五品京堂，俟服闋之日候缺補用。」徵輿原於福建任官，順治九年

十一月丁母憂返籍守制，十年八月即因考覈稱職升官，推測徵輿即於順治十
年遇　覃恩，受　朝廷封贈得顯揚父母。

清世祖順治十一年甲午（1654 年）

枡澄仲孫，即徵輿次子祖年中舉。宋祖年，字子壽。

> 光緒《重修華亭縣志》卷十六〈人物五〉「宋徵輿」條云：「徵輿子祖年，字
> 子壽，順治十一年衛籍舉人，負雋譽，蚤卒。」

> 光緒《奉賢縣志》卷十一〈人物志二〉「宋徵輿」條云：「次子祖年，字子壽，
> 讀書過目成誦，工詩文，中順治甲午舉人，與長兄太淵先其父卒。」

清世祖順治十六年己亥（1659 年）

六月二十三日，肆子敬輿卒，得年四十三歲。

> 宋徵輿《林屋文稿》卷之十〈亡兄太學生轅生府君墓誌銘〉云：「己亥夏，
> 棹舟至東郊，暴得末疾，亟扶還舍，翌日竟不起。……府君生于天命丁巳六
> 月十六日，卒于順治己亥六月二十三日，享年僅四十有三。娶王氏，故膠州
> 守王公諱獻吉之孫女，長于府君二歲，先府君卒，無子，妾某氏生一女，許
> 字孝廉陸公諱廣之子某。」

清世祖順治十七年庚子（1660 年）

七月，徵輿接吏部咨，誥贈二代，堯俞贈中大夫大理寺少卿加一級，張氏
贈淑人；枡澄贈中大夫大理寺少卿加一級，楊氏、張氏贈淑人。八月五日，
祭告神主。八月七日，徵輿作〈庚子八月初七日以　誥贈二代改題神主恭
記先大夫行實後〉。

> 宋徵輿《林屋文稿》卷之十〈庚子八月初七日以　誥贈二代改題神主恭記先
> 大夫行實後〉云：「復遇　覃恩加一級，祖考方林府君贈中大夫大理寺少卿
> 加一級，祖妣張氏贈淑人，考進階中大夫大理寺少卿加一級，妣及生母俱進
> 贈淑人。庚子秋七月接吏部咨，卜八月初五日祭告于主，改題贈階。」

> 宋徵輿《林屋文稿》卷之十〈亡兄太學生轅生府君墓誌銘〉云：「祖方林府
> 君，諱堯俞，明嘉靖壬子鄉進士，　皇朝贈中大夫大理寺少卿加一級，名儒
> 碩德，故相張文忠以為畏友。考幼清府君諱懋澄，天才英縱，博學負奇，明

萬曆壬子舉鄉進士，數不偶而嗇于年，偉略未展，天下惜之。　皇朝初贈朝議大夫福建布政使司右參議兼按察司僉事，再贈中大夫大理寺少卿加一級，嫡母楊氏，累贈淑人，繼母施氏以慈節著。」

嘉慶《松江府志》卷六十四〈列女傳一〉「大理寺少卿宋堯俞妻張氏」條云：「澄奉慈訓，卒以成名，萬曆庚申，奉旨建貞節坊。　國朝順治十五年，以孫徵輿貴，　誥贈淑人。」宋堯俞妻張氏贈淑人的時間應以孫宋徵輿所述之清世祖順治十七年為主。

清聖祖康熙四年乙巳（1665 年）

楙澄長孫，即徵輿長子泰淵卒，年三十一。

宋徵輿《林屋文稿》卷之十〈亡兄太學生轅生府君墓誌銘〉云：「泰淵，婁縣貢生，生于天聰乙亥，後府君六年卒，為康熙乙巳。」

清聖祖康熙六年丁未（1667 年）

伍子徵輿卒，享年五十一歲。

王士禎《池北偶談》卷二十二〈宋孝廉數學〉云：「雲間宋孝廉幼清，副都御史直方父也，……後果於康熙丙午以宗人府丞遷副都御史，至三品。明年丁未（1667 年）卒官，年正五十也。」

參考書目

一、專　書（依書名筆劃排序）

（一）經

1. 《十三經注疏》，〔清〕阮元審定，盧宣旬校，臺北：藝文印書館，民國 78 年 1 月，11 版。

2. 《春秋左傳人物譜》，方朝暉編著，濟南：齊魯書社，2001 年 8 月，第一版。

（二）史

1. 《千古文字獄：清代紀實》，楊風城等著，海口：南海出版公司，1992 年 11 月，第一版。

2. 《中國禁書大觀》，安平秋、章培恒主編，上海：上海文化出版社，1991 年 4 月，第 1 版第 3 次印刷。

3. 《中國禁毀小說大全》，李時人主編，安徽省合肥：黃山書社，1992 年 10 月，第一版。

4. 《中國歷代禁書》，雒啓坤、王德明主編，北京：九洲圖書出版社，1998 年 2 月，第 1 版。

5. 《天一閣藏明代方志選刊續編：正德松江府志》，〔明〕陳威、喻時等修，顧清主纂，上海：上海書店，1990 年 12 月，第一版。

6. 《太倉州志》，〔民國〕王祖畬等纂，民國八年刊本，臺北：中國地方文獻學會，民國 63 年 9 月，臺一版。

7. 《文字獄紀實》，周宗奇著，北京：中國友誼出版公司，1993 年 11 月，第一版。

8. 《史記》，〔漢〕司馬遷撰，〔南朝宋〕裴駰集解，〔唐〕司馬貞索隱，〔唐〕張守節正義，臺北：藝文印書館，民國 44 年 6 月，初版。

9. 《四庫全書纂修研究》，黃愛平著，北京：中國人民大學出版社，1989年 1 月，第 1 版。

10. 《江南通志》，〔清〕趙弘恩監修，黃之雋編纂，《景印文淵閣四庫全書》本，臺北：臺灣商務印書館股份有限公司，民國 75 年 3 月，初版。

11. 《奉賢縣志》，〔清〕韓佩全、張文虎等修，清光緒四年刊本，臺北：成文出版社有限公司，民國 59 年，臺初版。

12. 《奉賢縣志》，上海市奉賢縣縣志修編委員會編、姚金祥主編，上海：上海人民出版社，1987 年 9 月，第 1 版。

13. 《明人傳記資料索引》，國立中央圖書館編，臺北：國家圖書館，民國54～55 年（1965～1966 年），版次未標。

14. 《明史》，〔清〕張廷玉等撰，〔民國〕楊家駱主編，臺北：鼎文書局，民國 68 年 12 月。

15. 《明史偶筆》，蘇同炳撰，臺北：臺灣商務印書館股份有限公司，1995年 5 月，修訂版。

16. 《明清時期上海地區的著姓望族》，吳仁安著，上海：上海人民出版社，1997 年 9 月，第 1 版。

17. 《明實錄》，〔明〕夏原吉等奉敕撰，中央研究院歷史語言研究所校，臺北：中央研究院歷史語言研究所，民國 55 年 9 月，初版。

18. 《松江府志》，〔清〕宋如林、孫星衍等修，清嘉慶二十二年刊本，臺北：成文出版社有限公司，民國 59 年，臺一版。

19. 《松江縣志》，何惠明、王健民（前）主編，上海市松江縣地方史志編纂委員會編著，上海：上海人民出版社，1991 年 8 月，第一版。

20. 《金陵通傳》，〔清〕陳作霖等纂，清光緒三十年刊本，臺北：成文出版社有限公司，民國 59 年，臺一版。

21. 《青浦縣志》，〔清〕黎庶昌等修，清光緒五年刊本，臺北：成文出版社有限公司，民國 59 年，臺一版。

22. 《南吳舊話錄》，西園老人口授，〔清〕李延昰著，〔清〕蔣烈編，臺北：廣文書局，民國 60 年 8 月，初版。

23. 《南國賢書》不分卷，〔明〕張朝瑞編，國家圖書館藏舊鈔本。

24. 《帝京景物略》，〔明〕劉侗、于奕正等撰，《續修四庫全書》本，上海：上海古籍出版社，2002 年 3 月，第一版。

25. 《重修華亭縣志》，〔清〕楊開第等修，姚光發等纂，清光緒四年刊本，臺北：成文出版社有限公司，民國 59 年，臺一版。

26. 《國榷》，〔清〕談遷撰，《續修四庫全書》本，上海：上海古籍出版社，2002 年 3 月，第一版。

27. 《〔崇禎〕松江府志》，〔明〕方岳貢修，陳繼儒纂，北京：書目文獻出版社，1991 年 10 月，北京第一版。

28. 《清太祖努爾哈赤實錄》，〔清〕鄂爾泰、張廷玉、徐本纂，臺北縣：文海出版社有限公司，民國 72 年 10 月，版次未標。

29. 《清太祖武皇帝弩兒哈奇實錄》，不著撰者，北平：故宮博物院，民國 21 年 1 月，版次未標。

30. 《清代禁書知見錄》，孫殿起撰，嚴靈峰編輯，《書目類編》民國四十六年排印本，臺北：成文出版社有限公司，民國 67 年 7 月，版次未標。

31. 《清代禁書總述》，王彬主編，北京：中國書店，1999 年 1 月，第 1 版。

32. 《清代禁燬書目四種（全燬書目、抽燬書目、禁書總目、違礙書目）》，〔清〕英廉、〔清〕軍機處等編，〔清〕榮柱刊，長沙：商務印書館，民國 30 年（1941 年），版次未標。

33. 《清代禁燬書目研究》，吳哲夫著，臺北：嘉新水泥公司文化基金會，民國 58 年 8 月，初版。

34. 《通州直隸州志》，〔清〕梁悅馨、季念詒等修，清光緒二年刊本，臺北：成文出版社有限公司，民國 59 年，臺初版。

35. 《雲間志略》，〔明〕何三畏編著，臺北：臺灣學生書局，民國 76 年 6 月，初版。

36. 《雲間第宅志》，〔清〕王澐纂，《叢書集成新編》本，臺北：新文豐出版股份有限公司，民國 74 年元月，初版。

37. 《墮落時代》，費振鍾著，上海：東方出版公司，2000 年，第 1 版。

38. 《閱世編》，〔清〕葉夢珠撰，來新夏點校，臺北：木鐸出版社，民國 71 年 4 月，初版。

39. 《燕京歲時記》，〔清〕富察敦崇編，臺北：廣文書局，民國 58 年 9 月，初版。

40. 《藏書紀事詩》，〔清〕葉昌熾撰，王鍔、伏亞鵬點校，北京：北京燕山出版社，1999 年 12 月，第 1 版。

41. 《蘇州府志》，〔清〕李銘皖、馮桂芬等修，清光緒九年刊本，臺北：成文出版社有限公司，民國 59 年，臺一版。

42. 《纂修四庫全書檔案》，中國第一歷史檔案館編，上海：上海古籍出版社，1997 年 7 月，第 1 版。

（三）子

1. 《二刻拍案驚奇》，〔明〕凌濛初撰，《古本小說叢刊》本，北京：中華書局，1991 年 10 月，第 1 版。

2. 《今古奇觀》，〔明〕抱甕老人輯，《古本小說集成》本，上海：上海古籍出版社，1990 年 8 月，版次未標。

3. 《中國小說史》，郭箴一著，臺北：臺灣商務印書館股份有限公司，民國 77 年 2 月，臺八版。

4. 《中國小說發達史》，譚嘉定著，臺北：啟業書局，民國 67 年 9 月，台四版。

5. 《中國小說源流論》，石昌渝著，北京：生活・讀書・新知三聯書店，1994 年 2 月，北京第 1 版。

6. 《中國文學理論批評發展史》，張少康、劉三富著，北京：北京大學出版社，1995 年 12 月，第一版。

7. 《中國古典小說史論》，（美）夏志清著，南昌：江西人民出版社，2003 年 3 月，第 1 版第 2 次印刷。

8. 《古今小說》，〔明〕馮夢龍編，《古本小說集成》本，上海：上海古籍出版社，1990 年 8 月，版次未標。

9. 《左氏兵法測要》，〔明〕宋徵璧撰，《四庫全書存目叢書》本，台南縣永康市：莊嚴文化事業有限公司，1995 年 9 月，初版。

10. 《亘史》，〔明〕潘之恒撰，國家圖書館藏明天啟丙寅天都潘氏家刊本。

11. 《池北偶談》，〔清〕王士禎撰，《景印文淵閣四庫全書》本，臺北：臺灣商務印書館股份有限公司，民國 75 年 3 月，初版。

12. 《宋氏家要部家儀部家規部燕閒部》，〔明〕宋詡著，〔明〕宋懋澄校，北京圖書館古籍出版編輯組編，北京：書目文獻出版社，1988 年。

13. 《抱朴子內篇》，〔晉〕葛洪撰，《叢書集成新編》本，臺北：新文豐出版股份有限公司，民國 74 年元月，初版。

14. 《拍案驚奇》，〔明〕凌濛初撰，《古本小說叢刊》本，北京：中華書局，1991 年 10 月，第 1 版。

15. 《明人著作與生平發微》，朱鴻林著，廣西省：廣西師範大學出版社，2005 年 9 月，第 1 版。

16. 《明代小說史》，陳大康著，上海：上海文藝出版社，2000 年 10 月，第 1 版。

17. 《明代小說史》，齊裕焜著，杭州：浙江古籍出版社，1997 年 6 月，第 1 版。

18. 《明代志怪傳奇小說研究》，陳國軍著，天津：天津古籍出版社，2006 年 1 月，第 1 版。

19. 《明清以來江南社會與文化論集》，熊月之、熊秉眞主編，上海：上海社會科學院，2004 年 5 月，第 1 版。

20. 《花當閣叢談》，〔明〕徐復祚撰，臺北：廣文書局有限公司，民國 58 年 1 月，初版。

21. 《型世言》，〔明〕陸人龍編撰，陳慶浩點校，江蘇：江蘇古籍出版社，1993 年 8 月，第 1 版。

22. 《情史》，〔明〕馮夢龍編著，《古本小說集成》本，上海：上海古籍出版社，1990 年 8 月，版次未標。

23. 《情種》，〔明〕宋存標撰，《四庫未收書輯刊》本，北京：北京出版社，2000 年 1 月，第一版。

24. 《野獲編》，〔明〕沈德符撰，《續修四庫全書》本，上海：上海古籍出版社，2002 年 3 月，第一版。

25. 《野獲編補遺》，〔明〕沈德符撰，《續修四庫全書》本，上海：上海古籍出版社，2002 年 3 月，第一版。

26. 《喻世明言》，〔明〕馮夢龍編著，北京：人民文學出版社，1994 年 10 月，北京第 9 次印刷。

27. 《雲間雜誌》，〔明〕李紹文撰，《四庫全書存目叢書》本，臺南縣永康市：莊嚴文化事業有限公司，1995 年 9 月，初版。

28. 《雲間雜誌》，〔明〕李紹文撰，陸炬訂，《叢書集成新編》本，臺北：新文豐出版股份有限公司，民國 74 年元月，初版。

29. 《萬曆野獲編》，〔明〕沈德符撰，北京：中華書局，1997 年 11 月，第一版 3 刷。

30. 《遊具雅編》，〔明〕屠隆撰，《四庫全書存目叢書》本，臺南縣永康市：莊嚴文化事業有限公司，1995 年 9 月，初版。

31. 《獪園志異》，〔明〕錢希言撰，書帶草堂藏板，《知不足齋外書》，出版年未標。

32. 《遵生八牋》，〔明〕高濂撰，《景印文淵閣四庫全書》本，臺北：臺灣商務印書館股份有限公司，民國 75 年 3 月，初版。

33. 《韓南中國古典小說論集》，王秋桂編，臺北：聯經出版事業公司，民國 68 年 9 月，初版。

34. 《韓國藏中國稀見珍本小說·刪補文苑楂橘》，〔朝鮮〕無名氏選編，季羨林等整理出版，北京：中國大百科全書出版社，1997 年 8 月，北京第一版。

35. 《韓國藏中國稀見珍本小說·啖蔗》，姑蘇抱甕老人選輯，〔朝鮮〕無名氏改編，季羨林等整理出版，北京：中國大百科全書出版社，1997 年 8 月，北京第一版。

36. 《警世通言》，〔明〕馮夢龍編，《古本小說集成》本，上海：上海古籍出版社，1990 年 8 月，版次未標。

（四）集

1. 《九籥集》，〔明〕宋梫澄撰，王利器輯，北京：中國社會科學出版社，1984 年 3 月，第 1 版。

2. 《九籥集》、《九籥別集》，〔明〕宋梫澄撰，四庫禁燬書叢刊編纂委員會編，《四庫禁燬書叢刊》本，北京：北京出版社，2000 年 1 月，第一版。

3. 《九籥集》、《九籥別集》，〔明〕宋梫澄撰，《續修四庫全書》本，上海：上海古籍出版社，2002 年 3 月，第一版。

4. 《九籥集》三十一卷，〔明〕宋梫澄撰，國家圖書館藏明萬曆壬子（四十年）刊本。

5. 《大泌山房集》，〔明〕李維楨撰，《四庫全書存目叢書》本，台南縣永康市：莊嚴文化事業有限公司，1997 年 6 月，初版。

6. 《中國尺牘文學史》，趙樹功著，石家莊市：河北人民出版社，1999 年 11 月，第 1 版。

7. 《中國古典戲曲論著集成》，中國戲劇出版社編，北京：中國戲劇出版社，1982 年 11 月，第一版。

8. 《尺牘新鈔》，〔清〕周亮工輯，《海山仙館叢書》本，臺北：藝文印書館，民國 57 年。

9. 《文心雕龍》，〔南朝梁〕劉勰撰，〔清〕黃叔琳注，〔清〕紀昀評，臺北：經文書局，民國 53 年，版次未標。

10. 《古文辭類纂注》，〔清〕姚鼐編，臺北：世界書局，民國 45 年，版次未標。

11. 《古本戲曲劇目提要》，李修生主編，北京：文化藝術出版社，1997 年 12 月，第 1 版。

12. 《白石樵真稿》，〔明〕陳繼儒撰，《四庫禁燬書叢刊》明崇禎刻本，北京：北京出版社，2000 年 1 月，第一版。

13. 《全明詞補編》，周明初、葉曄補編，杭州：浙江大學出版社，2007 年 1 月，第 1 版。

14. 《全清散曲》，謝伯陽、凌景埏編，濟南：齊魯書社，2006 年 1 月，第 1 版。

15. 《全清詞》，南京大學中國語言文學系全清詞編纂研究室編，北京：中華書局，2002 年 5 月，第 1 版。

16. 《全清詞鈔》，葉恭綽編，香港：中華書局香港分局，1975 年 3 月，港

第一版。

17. 《列朝詩集小傳》，〔清〕錢謙益撰，〔清〕錢陸燦編，臺北：明文書局，民國 80 年元月，初版。

18. 《安雅堂稿》，〔明〕陳子龍撰，臺北：偉文圖書出版社有限公司，民國 66 年 9 月，版次未標。

19. 《（宋本）六臣註文選》，〔梁〕昭明太子蕭統撰，〔唐〕李善等註，臺北：廣文書局，民國 53 年 9 月，初版。

20. 《快雪堂集》，〔清〕馮夢禎撰，《四庫全書存目叢書》本，臺南縣永康市：莊嚴文化事業有限公司，1997 年 6 月，初版。

21. 《步丘草》又名《謝曰可比部全集》，〔明〕謝廷讚撰，國家圖書館藏明萬曆四十二年（1614）序刊本。

22. 《明二百名家尺牘》，〔清〕賴古堂、周亮工纂，臺北縣：廣文書局，民國 83 年，初版。

23. 《林屋文稿》，〔清〕宋徵輿撰，《四庫全書存目叢書》本，臺南縣永康市：莊嚴文化事業有限公司，1997 年 6 月，初版。

24. 《松風餘韻》，〔清〕姚弘緒編，《四庫全書存目叢書補編》本，濟南：齊魯出版社，2001 年 9 月，第 1 版。

25. 《松樞十九山》，〔明〕錢希言著，明萬曆二十八年刊本，日本東京都：內閣文庫，民國 69 年，。

26. 《松瘿集》，〔明〕姚希孟撰，國家圖書館藏明崇禎間（1928～1644）蘇州張叔籟刊本。

27. 《松瘿集》，〔明〕姚希孟撰，金閶張叔籟梓，《四庫禁燬書叢刊》本，北京：北京出版社，2000 年 1 月，第一版。

28. 《皇明經世文編》，〔明〕陳子龍、宋徵璧、徐孚遠、周立勳等編，《續修四庫全書》本，上海：上海古籍出版社，2002 年 3 月，第一版。

29. 《皇明詩選》，〔明〕陳子龍、李雯、宋徵輿同輯，《四庫禁燬書叢刊補編》本，北京：北京出版社，2005 年 8 月，第一版。

30. 《秋士偶編》，〔明〕宋存標撰，《四庫禁燬書叢刊》本，北京：北京出版社，2000 年 1 月，第一版。

31. 《秋士選詩三百》，〔明〕宋存標輯，《四庫禁燬書叢刊補編》本，北京：北京出版社，2005 年 8 月，第一版。

32. 《袁中郎全集》，〔明〕袁宏道撰，臺北：世界書局，民國 53 年 2 月，初版。

33. 《帶經堂集》，〔清〕王士禎撰，國家圖書館藏清乾隆間（1736～1795）平河趙氏清稿本。

34. 《帶經堂集・蠶尾續文集》,〔清〕王士禎撰,《續修四庫全書》本,上海：上海古籍出版社,2002 年 3 月,第一版。

35. 《晚香堂集》,〔明〕陳繼儒撰,《四庫禁燬書叢刊》本,北京：北京出版社,2000 年 1 月,第一版。

36. 《梅村家藏藁》,〔清〕吳偉業撰,《四部叢刊初編縮本》縮印武進董氏新刊本,臺北：臺灣商務印書館,民國 56 年,臺二版。

37. 《梅村集》,〔清〕吳偉業撰,《景印文淵閣四庫全書》本,臺北：臺灣商務印書館股份有限公司,民國 75 年 3 月,初版。

38. 《陳眉公先生全集》六十卷附年譜一卷,〔明〕陳繼儒撰,國家圖書館藏明崇禎間華亭陳氏家刊本。

39. 《陳眉公集》十七卷,〔明〕陳繼儒撰,國家圖書館藏明萬曆乙卯吳昌史氏刊修補本。

40. 《陸文定公集》,〔明〕陸樹聲撰,國家圖書館藏明萬曆丙辰華亭陸氏家刊本。

41. 《馮元成選集》全八十三卷,存八十卷,〔明〕馮時可撰,國家圖書館藏明萬曆間刊本。

42. 《馮夢龍全集》,〔明〕馮夢龍撰,魏同賢編,上海：上海古籍出版社,1993 年 6 月,第一版。

43. 《魯迅全集》,魯迅著,臺北：谷風出版社,民國 78 年 12 月,台一版。

44. 《賴古堂尺牘新鈔》,〔清〕周亮工輯,臺北：臺灣中華書局,民國 61 年 11 月,臺一版。

45. 《譚友夏合集》,〔明〕譚元春撰,臺北：偉文圖書出版社有限公司,民國 65 年 9 月,版次未標。

46. 《譚友夏合集》,〔明〕譚元春撰,上海：上海雜誌出版社,民國 24 年。

二、學位及報紙期刊論文（依出版時間排序）

（一）學位論文

1. 《焦竑年譜》,王琅撰,高雄：國立高雄師範大學中國文學研究所碩士論文,民國 80 年。

2. 《論陳繼儒與晚明思潮的互動關係》,王秀珍撰,臺北：私立東吳大學中國文學研究所碩士論文,民國 85 年 6 月。

3. 《宋楙澄及其《九籥集》研究》,劉思怡撰,臺北：東吳大學中國文學系碩士在職專班碩士論文,民國 95 年 7 月。

4. 《論明代宋懋澄的文學創作》,張玉玲撰,濟南：山東大學碩士論文,2007

年 10 月 20 日。

（二）報紙期刊論文

1. 〈《九籥集》——最早收入小說作品的文集〉，王利器撰，《社會科學戰線》，1981 年第 1 期，1981 年，頁 305～308。

2. 〈纂輯四庫全書的另一面：乾隆的禁燬書籍〉，劉家駒撰，《故宮文物月刊》，第 4 卷第 5 期=第 41 期，民國 75 年 8 月，頁 130～136。

3. 〈宋梣澄交友錄——萬曆文人社會の一畫で——〉，〔日〕岡崎由美，《中國文學研究》，第十二期，「中國文學研究」は、早稻田大學中國文學會發行の研究論文集です，1986 年 12 月，頁 34～49。

4. 〈清高宗纂輯四庫全書與禁燬書籍〉（上），劉家駒撰，《大陸雜誌》，75 卷 2 期，民國 76 年 8 月，頁 5～21。

5. 〈清高宗纂輯四庫全書與禁燬書籍〉（下），劉家駒撰，《大陸雜誌》，75 卷 3 期，民國 76 年 9 月，頁 6～18。

6. 〈記宋懋澄《九籥集》〉，朱鴻林撰，《漢學通訊》，第 5 卷第 2 期=10 期，民國 76 年 12 月，頁 559～565。

7. 〈論宋懋澄在中國文言小說史上的地位〉，包紹明撰，《明清小說研究》，1988 年第 2 期（總第 8 期），1988 年 5 月，頁 173～184。

8. 〈腐文真情傳千秋——試論馮夢龍改編《九籥集・負情儂傳》的得失〉，張甫仁撰，《遼寧教育學院學報（社會科學版）》，1988 年第 4 期，1988 年，頁 41～45。

9. 〈宋懋澄生卒年考〉，鄭平昆撰，《中華文史論叢》，1989 年第 2 期，1989 年，頁 179～180。

10. 〈《聊齋志異・偷桃》本事考〉，趙興勤撰，《蒲松齡研究》，1989 年第 2 期，1989 年，頁 202～206。

11. 〈《負情儂傳》"懊恨曲"的出處〉，鄭平昆撰，《文獻》，1991 年第 2 期，1991 年，頁 28。

12. 〈《珠衫》、〈負情儂傳〉的藝術成就及馮夢龍改編之得失〉，包紹明撰，《福建師範大學學報（哲學社會科學版）》，1992 年第 3 期，1992 年，頁 60～64。

13. 〈明朝中後期旅游熱初探〉，滕新才撰，《北方論叢》，1997 年第 3 期（總第 143 期），1997 年，頁 17～21。

14. 〈宋懋澄年譜〉，徐朔方撰，《明清小說研究》，1997 年 1 期，1997 年 3 月，頁 186～194。

15. 〈宋懋澄年譜（續）〉，徐朔方撰，《明清小說研究》，1997 年 2 期，1997 年 6 月，頁 176～187。

16. 〈論晚明人的“小品”觀〉，歐明俊撰，《文學遺產》，1999 年第 5 期，1999 年，頁 71。

17. 〈晚明江左風流客──〈杜十娘怒沉百寶箱〉的原作者宋懋澄〉，費振鍾撰，《蘇州雜志》，1999 年第 3 期，1999 年。

18. 〈裂變：《九籥集》宋懋澄印象〉，陳國軍撰，《武警學院學報》，第 15 卷第 3 期，1999 年 6 月，頁 45～48。

19. 〈宋懋澄與他的《九籥集》〉，陳大康撰，《文匯讀書周報》，2000 年 4 月 8 日。

20. 〈采百世之遺韻　著千載之奇文──〈杜十娘怒沉百寶箱〉對〈負情儂傳〉的加工改造〉，孫守讓撰，《閱讀與寫作》，2000 年第 4 期，2000 年 4 月，頁 5～6。

21. 〈補缺草創，博引特識──簡評《中國尺牘文學史》〉，李延年撰，《河北日報》，2000 年 09 月 01 日，第 006 版。

22. 〈宋懋澄和他的紀實小說〉，劉天振撰，《古典文學知識》，2001 年第 5 期，2001 年 9 月，頁 50～54。

23. 〈試論宋懋澄小說的紀實性〉，劉天振撰，《齊魯學刊》，2002 年第 3 期（總第 168 期），2002 年，頁 22～25。

24. 〈明人山水休閒生活〉，吳智和撰，《漢學研究》，第 20 卷第 1 期，民國 91 年 6 月，頁 101～129。

25. 〈〈負情儂傳〉與〈杜十娘怒沉百寶箱〉創作風格之比較〉，張玉玲撰，《山東理工大學學報（社會科學版）》，第 18 卷第 5 期，2002 年 10 月，頁 71～73。

26. 〈宋懋澄生卒年及《九籥集》的刊刻〉，吳書蔭撰，《國學研究》，第十卷，2002 年 11 月，頁 353～357。

27. 〈晚明的旅遊活動與消費文化──以江南為討論中心〉，巫仁恕撰，「生活、知識與中國現代性」國際學術研討會，台北，中央研究院近代史研究所，2002 年 11 月，頁 1～39。

28. 〈宋懋澄生卒年考辨及其他〉，陸勇強撰，《明清小說研究》，2004 年第 3 期（總第 73 期），2004 年 9 月，頁 138～140。

29. 〈晚明詩人宋懋澄的情愛觀及其創作〉，朱麗霞、羅時進撰，《河南教育學院學報（哲學社會科學版）》，2005 年第 6 期（總第 98 期），2005 年，頁 86～89,112。

30. 〈松江府宋氏家族世系及文學成就概述〉，李越深撰，《浙江大學學報（人文社會科學版）》，第 36 卷第 1 期，2006 年 1 月，頁 117～125。

31. 〈顛覆與建構：晚明情觀的再檢討──以宋懋澄創作為個案〉，朱麗霞撰，《江淮論壇》，2006 年第 2 期，2006 年 3 月，頁 165～170。

32. 〈對傳統倫理道德觀念的徹底顛覆——宋懋澄〈珠衫〉解讀〉，張玉玲撰，《山東理工大學學報（社會科學版）》，第 22 卷第 2 期，2006 年 3 月，頁 73～76。

33. 〈宋懋澄尺牘的文化透析〉，朱麗霞撰，《西南師範大學學報（人文社會科學版）》，第 32 卷第 3 期，2006 年 5 月，頁 171～176。

34. 〈從"借以言志"到"借以警世"創作傾向的轉變——〈負情儂傳〉與〈杜十娘怒沉百寶箱〉的比較研究〉，祝燕娜撰，《文教資料》，2007 年 3 月號上旬刊，2007 年 3 月，頁 62～67。

35. 〈宋徵輿生年辨正及宋懋澄生卒年考〉，吳永忠撰，《中國韻文學刊》，第 21 卷第 3 期，2007 年 9 月，頁 108～109。

36. 〈論宋懋澄游記散文的藝術成就〉，張玉玲撰，《山東電大學報》，2007 年第 4 期，2007 年，頁 51～52。

37. 〈論明代作家宋懋澄的散文創作〉，張玉玲撰，《山東理工大學學報（社會科學版）》，第 24 卷第 5 期，2008 年 9 月，頁 61～64。

38. 〈〈杜十娘怒沉百寶箱〉原作者探源〉，嚴永官撰，《檔案春秋》，2009 年第 3 期，2009 年 3 月，頁 59～60。

39. 〈《型世言》第三回素材來源新說〉，陳才訓撰，《明清小說研究》，2009 年第 3 期，2009 年，頁 140～149。

40. 〈清代漢文小說蒙譯概況研究——以烏蘭巴托版蒙古文譯本《今古奇觀》為例〉，莎日娜撰，《民族翻譯》，2010 年第 3 期（總第 76 期），2010 年，頁 44～50。